阿

的禪修世界

Food for the Heart: The Collected Teachings of Ajahn Chah

【第二部】

定

作者：阿姜查（Ajahn Chah） 中文譯者：賴隆彥

英文編譯‧導論：阿瑪洛比丘（Amaro Bhikkhu）

畫作：綠靜──修行中的阿姜查／奚淞

目次

定

【推薦序】這本書將改變你的生命

我不太曉得如何介紹這位我所見過最有智慧的人才好。只要有他在的地方，就有機鋒與活力、率真與實話、莊嚴與親密，以及幽默與嚴肅的戒律、動人的悲心與自然的解脫。阿姜阿瑪洛 (Ajahn Amaro) 對本書精彩的導讀，將他描寫得很傳神。

多數阿姜查的教導，是藉由舉例、譬喻與活潑的對話所作的即時開示。他的教導直接而誠懇，沒有任何保留。「觀察人世間的苦因，它就像這樣。」他會如此說，而將我們的心導向實相。因為他是個擁有十八般武藝的巧師，他與每位訪客都坦誠相見，對眼前的處境皆保持幽默與直觀，因此，很難完全用語言捕捉他教學的活力。所幸他的遺產還包括近兩百座寺院、許多活生生的優秀傳法弟子、數百卷泰語錄音帶，以及數百萬個被其智慧感動的人。

在這些篇章中，你將發現阿姜查的另外一面，有條不紊與略微嚴肅的一面，它們的場合主要是針對比丘、比丘尼與訪客團體所舉行比較有系統的長篇開示。在這些教導中，他邀請我們所有人省察教法的本質，思惟它們，並將之謹記在心。在這本書中，他不厭其煩地提醒我們，無論我們是誰，生命的狀態都

是不確定的：「如果死亡在你裡面，那麼你可以逃到哪裡去呢？無論是否害怕，你都一樣會死；死亡是無法逃避的。」以這個事實為基礎，他舉出超越生死輪迴的解脫之道。「這是重點：你應該持續思惟，直到放下為止。那裡一無所有，超越善惡、來去與生滅。訓練這顆心，安住於無為法中，」他宣稱，「解脫是可能的。」

那些會遵循這位親愛導師教導的人，都一定願意探索他們自己的心，把結鬆開，放下執著、恐懼與我見。「如果你真的了解，則無論你過的是哪種生活，你時時刻刻都可以修行。為何不試試看呢？」阿姜查建議，「它將改變你的生命！」

願阿姜查所傳達慈悲佛陀的祝福，能充實你的心靈，並利益十方一切眾生。

獻上我誠摯的敬意。

傑克‧康菲爾德

於心靈磐石中心
加州‧伍德克，2002年

【作者簡傳】阿姜查

　　阿姜查・波提央 (Chah Phothiyan) 一九一八年六月十七日，出生在泰國東北部烏汶省瓦林姜拉縣吉靠村，一個有十個孩子的富裕大家庭中。九歲時離開學校，在父母親的允許下出家成為沙彌，三年後還俗回家幫忙農務。然而他還是比較喜歡修道生活，因此一到二十歲，又在村落的寺院出家成為比丘，一九三九年四月二十六日受比丘戒。

　　他早年的僧侶生活較傳統，研習佛教教義、閱讀泰文教典及巴利經文。第五年時，父親因重病去世，人命的脆弱和不確定，促使他深思生命的真正目的，厭離感開始在心中生起。經過六年的寺院教育之後，一九四六年阿姜查通過了最高級的正規佛學課程考試。從那時起，他放棄學業，開始托缽行腳，走上另一段尋師訪道的旅程。

　　阿姜查走了四百公里抵達泰國中部，沿途行乞於村落、睡在森林。之後追隨幾位寮語系統的師父修學，過著傳統的叢林苦行生活。他聽說了備受推崇的阿姜曼，渴望能見到如此一位有成就的老師，於是，花了一段時間的尋找，才在一九四八年遇見阿姜曼並受到教導：「如果看到在內心生起的每件事物，當

定

下便是真正修行之道。」當時阿姜曼七十九歲，翌年便逝世了。雖然阿姜查只與阿姜曼相處兩天，但阿姜曼所授的法門卻非常受用。簡潔而又直接的教法是很大的啟示，改變了他修行的方法。往後幾年，阿姜查經常選擇在有野獸出沒的森林中修行。住在老虎和眼鏡蛇成群之處，甚至叢林墳場，來克服對死亡的恐懼，並洞察生命的真正意義。

一九五四年他受邀回故鄉，在烏汶省他出生村落旁的巴蓬 (Phong Pond) 森林裡住了下來。那裡熱病橫行、鬼魅出沒，他不顧瘧疾的困境、簡陋的住處以及稀少的食物，追隨他的弟子卻愈來愈多。巴蓬寺於是應運而生。

阿姜查的教導不強調任何特別的打坐方法，也不鼓勵人們參加速成內觀或密集禪修課程。他教人先觀出入息以調心，等心安住了，繼續觀察身心的變化。保持生活簡樸、自然的生活態度以及觀察心念是他的修行要領，以培養一種平衡的心境，既無所執著也無我。無論是靜坐或日常生活作息都是修行，只要耐心觀照，智慧與祥和便自然產生。

一九八一年，阿姜查的健康逐漸走下坡，但他以「正見」如實覺知自己的病情：「如果它可以治癒，就治癒；如果不能，就不能。」他不斷提醒人們，要努力在自己心中找到一個真實

的皈依之所。當年雨安居結束前，他被送往曼谷做一項手術。幾個月內，他停止說話，並逐漸失去四肢的控制，終至癱瘓臥床。一九九二年一月十六日，上午五時二十分，阿姜查在巴蓬寺，在隨侍的比丘們面前，安祥地離開人間。（轉載自阿姜查《森林中的法語》）

定

Namo Tassa Bhagavato Arahato Sammā-saṃbuddhassa
Namo Tassa Bhagavato Arahato Sammā-saṃbuddhassa
Namo Tassa Bhagavato Arahato Sammā-saṃbuddhassa

皈敬世尊、阿羅漢、正等正覺者
皈敬世尊、阿羅漢、正等正覺者
皈敬世尊、阿羅漢、正等正覺者

【前言】關於這顆心

關於這顆心──事實上，它實在沒有錯。它本質上是清淨的，且原本就是平靜的，若不平靜，那是因為它跟著情緒走。真心與這些無關，它只是自然的一面，因受情緒欺騙，而變得平靜或擾動。未受訓練的心是愚痴的，感官印象很容易讓它陷入快樂、痛苦、愉悅與憂傷之中。不過心的真實本質並沒有那些東西。歡喜或悲傷不是心，它只是欺騙我們的情緒，未經訓練的心迷失後，就跟隨著情緒而忘了自己。於是，我們便以為是自己在沮喪、自在或其他等等。

但是，其實這顆心原本是不動與平靜的──真正的平靜！只要風靜止，葉子就會安住不動；風來了，葉子隨之舞動，它舞動是源自於風。心的舞動則是源於感官印象，心跟隨著它們，否則就不會舞動。若完全覺知感官印象的真實本質，我們就能不為所動了。

修行就只是要看見「本心」，我們必須訓練心去覺知那些感官印象，且不於其中迷失，讓它能平靜下來。我們艱苦修行的一切努力，都只是為了這個單純的目標。

希望獲得佛法
須培養心中的戒、定、慧

人們從許多來源聽到佛法，例如不同的老師或比丘處。在一些例子中，「法」被以非常廣泛與模糊的字眼教導，以致很難在日常生活中運用。在其他例子裡，它則以華麗的語辭或特殊的名相來教導，尤其是採用逐字解釋經典的方式時，更讓人難以理解。最後，有種教導則是以平衡的方式進行，既不會太模糊或深奧，也不會太空泛或太隱晦，最適合聽者理解與修行，符合每個人的利益。在此我想與大家分享一些我慣常指導弟子的教法。

希望獲得佛法者必須以信仰或信心為基礎，我們必須了解佛法的意義如下：

佛①：「覺知者」②，心中有清淨、光明與安穩者。

法③：清淨、光明與安穩的特徵，從戒、定、慧生起。

因此，獲得佛法者是培養與增長心中的戒、定、慧者。

希望回家的人，不是那些只是坐著幻想旅行者，他們必須踏上旅程，朝著正確的方向一步步前進。若走錯路，就可能遇到沼澤或其他類似的障礙，或陷入險境而永遠到不了家。家，是個讓身心舒適的場所，那些真正到家者才能放鬆與舒服地睡

覺。但旅行者若經過或繞過家門而不入，那麼在整段旅程中，他們將無法得到任何利益。

修行的成果
完全取決於自己

同樣地，達到佛法的道路是每個人必須獨自去踐履的，沒有人能替代。我們必須走戒、定、慧的正道，直到獲得內心清淨、光明與安穩的喜悅，那是踐履正道的成果。

但若人擁有的只是書本、聖典、教誡與經典的知識——那只是旅遊的地圖或計畫——就永遠無法覺悟心的清淨、光明與安穩，即使經過幾百世，他將只是徒勞無功，永遠無法得到修行的真實利益。老師只能指出正道的方向，我們是否行走正道而獲得修行的成果，則完全取決於自己。

在此有另一個觀察的角度。修行就如醫師開給病人的藥，瓶子上有詳細的用藥說明。但若病人只是閱讀說明，即使讀上一百次，還是可能會死。他們無法從藥物得到任何利益，並可能會在死前埋怨醫生差勁，是個騙子，那些藥物無法治癒他們，因此毫無價值。殊不知他們只是花時間檢視藥瓶與閱讀說明，並未遵從醫師指示服藥。

但若遵從醫生指示服藥就能康復，假使是重病，就必須服用較重的藥量，若病情輕微，則只需服用少量的藥即可。服用重藥是因為病重的關係，那是非常自然的，你們自己仔細思量後就會了解。

醫師開列處方以減輕身體的疼痛，佛陀的教導則是心病的藥方，讓心能恢復自然的健康狀態。因此，佛陀可說是開列心病處方的醫師。事實上，他是世上最偉大的醫師。

我們每個人毫無例外地都有心病。當你看見這些心病時，難道不會合理地想尋求「法」做為依靠或藥方嗎？踐行佛法之道，不能以身體去完成，你必須用心去實踐。我們可以將解脫道的行者區分成三種層次：

第一層次，包括那些了解自己必須修行，並知道如何做的人。他們皈依佛、法、僧，決心依教法精進修行。這些人已摒棄盲從的習俗與傳統，而能根據理智親自檢視世間的本質。這群人名為「佛教行者」。

中間層次，包括那些已修行到對佛、法、僧深信不移的人，他們已覺悟一切因緣法的真實本質，逐步降低執取與貪著，不會緊抓事物不放，他們的心深悉佛法。根據不執著與智慧的程度，而分別稱為「入流」④、「一來」⑤、「不來」⑥，或統

定

稱為「聖者」。

最高層次，是那些修行已導向佛陀的身、口、意者。他們超越世間、解脫世間，解脫一切貪染與執著，而稱為「阿羅漢」⑦或「世尊」，是最高層次的聖者。

修行正念和正知
將能生出善戒

戒，是對身和語業的自制與紀律，正式的區分是在家戒與比丘、比丘尼戒。不過，一般而言，有個基本特性——動機。當我們正念或正知時，就有正確的動機，修行正念⑧與正知⑨將能生出善戒。

若我們穿上髒衣服，身體會變髒，心也會感到不舒服與沮喪，那是非常自然的。若保持身體潔淨，並穿上整潔的衣服，心就會變得輕快與喜悅。同樣地，當無法守護戒律時，我們的身行與言語就會腐化，而讓心痛苦、悲傷與沈重。我們將偏離正確的修行，無法洞見「法」的本質。善的身行與言語有賴正確訓練的心，因為身體與語言都由心所控制。因此，我們必須持續調伏自己的心。

定

定的修習
能讓心更堅固

　　以定⑩來訓練，能讓心更堅定、穩固，為心帶來平靜。通常未經訓練的心是動盪不安的，難以控制與駕馭。這種心狂野地跟隨感官起舞，就如水往低處竄流一樣。農學家與工程師知道如何控制水，以供人類社會使用，他們築起水壩以攔截河流，建立水庫與渠道，只為了輸送水讓人更方便使用。這些蓄積起來的水，變成電力與燈光的來源——這是控制水流更進一步的利益，如此一來，不僅阻止它四處流竄、淹沒低地，還能發揮它的最大功效。

　　心經常受攔阻、控制與疏導的情況也是如此，將能帶來無邊的利益。佛陀說：「調伏之心，將帶給我們真正的快樂，因此好好訓練你的心，以得到它的最大利益。」同樣地，環顧周遭的動物大象、馬、牛等，在使用牠們之前，也必須先加以訓練，唯有如此，牠們的力量才能充分發揮，為我們所用。

　　調伏的心所帶來的福報，比未調伏的心要來得多。佛陀與聖弟子們都和我們一樣——從未調伏的心開始，但後來都成為我們尊敬的對象，我們從他們的教導中得到許多利益。仔細想想，整個世界已從這些調伏心且獲得解脫者的身上，得到多少

定

利益。受到控制與調伏的心，將更能適切地在各行各業幫助我們。有紀律的心，會使我們的生活保持平衡，讓工作更順利，並培養與發展出理性的行為模式。最後，我們的快樂亦將隨之提昇。

修行最有效方式是 對呼吸保持正念

心的訓練可透過許多方式，使用許多不同的方法去做。每種人都可以修行的最有效方式是對呼吸保持正念，即培養入息與出息的正念。

在本寺，我們將注意力集中在鼻端，並配合念誦Bud-dho⑪以培養入出息的覺知。若禪修者希望念誦另一個字，或單純地於氣息的進出保持正念，那也很好，調整修法以適合自己。禪修的基本要素，是必須在當下注意或覺知呼吸，因此，在吸氣或吐氣時都要保持正念。修習行禪時，我們嘗試將注意力放在腳接觸地面的感受上。

禪修要想有結果，就必須儘可能經常練習。不要一天禪修一小段時間後，隔了一、兩個星期或甚至一個月才再修習一次，如此不會有什麼效果。佛陀教導我們要經常練習，並要精進地

定

練習，盡可能持續訓練心。要想有效地修行，應該尋找不受干擾的理想僻靜處。適合的環境是花園、後院的樹蔭下，或任何可以獨處的地方。若是比丘或比丘尼，應該找個茅篷或安靜的森林，或一個洞穴。山林，是最適合修行的場所。

無論如何，不管身在何處，我們都必須努力維持入息與出息的正念。若注意力轉移，就把它再拉回到禪修的所緣上。嘗試放下其他一切想法與關心的事，不要想任何事──就只是觀察呼吸。念頭一生起，便立即警覺，並努力回到禪修的所緣上，心將變得愈來愈平靜。當心達到平靜與專注後，就可以把它從禪修的所緣──呼吸上放開。

現在，開始檢視組成身心的五蘊⑫：色、受、想、行、識。觀察它們的生滅，你將清楚地了解它們都是無常的；無常讓它們成為苦與可厭的；它們自行生滅，沒有一個主宰的「我」，只有根據因果而生的自然變動。世上的一切事物都具有無常、苦與無我的特相。若你能如此看待一切存在的事物，對五蘊的貪染與執著就會逐漸減少，這是因為你了解世間的實相。我們稱此為慧的生起。

了解身心各種現象的實相
就是慧

「慧」⑬是指了解身心各種現象的實相。當我們以調伏與專注的心觀察五蘊時，就會清楚地了解身與心都是無常、苦與無我的。以智慧了解這些因緣和合的事物，我們就不會貪取或執著。無論接收到什麼，都以正念接受，就不會樂不可支；當擁有的事物壞滅時，也不會不快樂或痛苦，因為我們清楚了解一切事物的無常本質。心已經調伏，遭遇任何疾病或苦難時，就能保持平常心，所以，最真實的依怙，就是這顆調伏的心。

這一切便被稱為「慧」——明瞭事物生起時的真實特相。慧從正念與定生起，定則從戒的基礎生起，戒、定、慧三者彼此密切相關，無法斷然區分。修行時它如此運作：首先，以調伏的心注意呼吸，這是戒的生起；持續修習入出息念，直到心平靜下來，定便生起；接著，觀察呼吸的無常、苦與無我，如此便能不執著，這是慧的生起。因此，入出息念可說是發展戒、定、慧的因，三者輾轉相互提攜。

當戒、定、慧同時開發時，如此的修行即稱為「八正道」⑭，佛陀說這是唯一的離苦之道。八正道是最殊勝的，因為若正確地修習，它直接通往涅槃、寂滅。

定

修行的果報
將會生起

當我們依上述的解釋禪修，修行的果報將分三階段生起：

首先，對在「隨信行者」⑮而言，將會增加對佛、法、僧的信心。此信心會成為他們內在真實的支撐，他們也將了解一切事物的因果法則：善有善報，惡有惡報。因此，這種人的快樂與安穩將大為提昇。

其次，達到入流、一來與不來聖果者，將增長對佛、法、僧的不壞淨信⑯，他們是喜悅與趣入涅槃的。

第三，阿羅漢或世尊，已完全離苦得樂。他們是覺者，已出離三界，並究竟圓滿解脫道。

我們都有幸生而為人，並且聽聞佛法，這是難得、難遇的機會。因此，切莫輕忽、放逸。趕緊持戒行善，遵從初、中、高級的修行正道，切莫蹉跎光陰，甚至就在今天嘗試證入佛法的真諦。讓我以一個寮語的俗諺作為結語：

歡樂已逝，暗夜將至。此時飲泣，駐足觀望，不久之後，結束旅程，將已太遲。

【注釋】

①佛 (Buddha, Buddho)：意譯為「覺者」，即覺醒的人，已達到覺悟狀態者。歷史上的佛陀是悉達多・喬達摩 (Siddhatta Gotama)。

②這是阿姜查常用的關鍵字，英譯本常將它譯為「the knowing」或「the one who knows」，中文可譯為「覺知者」或「覺性」。意指在無明或煩惱的影響下，它錯誤地覺知；但是，透過八正道的修行，它就是覺者（佛陀）的覺悟。

③法 (Dhamma)：事物的實相；佛陀的教導，內容為揭示實相，以及闡述讓人證入它的方法。

④入流（須陀洹）：是指斷除身見、疑、戒禁取三種煩惱，而進入聖者之流者，是聖者的最初階段者。成為此聖者之後，就永不再墮入地獄、餓鬼、畜生，至多生於欲界七次，其後必定得正覺而般涅槃。

⑤一來（斯陀含）：於須陀洹後，部分地斷除欲界貪、瞋、痴煩惱，再生到欲界一次，之後即成為阿那含或阿羅漢，

⑥不來（阿那含）：於斯陀含之後，再斷除瞋恚、欲貪二種煩惱，至此階段完全斷除欲界的煩惱，不再生於欲界，必定生於色界或無色界，在此處獲得最高證悟，或從欲界命終時，直接證得阿羅漢果。

⑦阿羅漢：聖者的最高果位，於阿那含斷除欲界煩惱後，阿羅漢再斷除色貪、無色貪、慢、掉舉、無明等五種色界與無色界的煩惱，獲得最終解脫，而成為堪受世間大供養的聖者。

⑧正念 (sati)：「念」是將心穩定地繫在所緣上，清楚、專注地覺察實際發生於身上、身內的事，不忘卻也不讓它消失。正念是八正道的第七支，有正念才能產生正定；它也是七覺支的第一支，為培育其他六支的基礎；也是五根、五力之一，有督導其他四根、四力平衡發展的作用。

⑨正知 (sampajañña)：即清楚覺知，通常與正念同時生起。正知共有四種：（一）

定

有益正知：了知行動是否有益的智慧；（二）適宜正知：了知行動是否適宜的智慧；（三）行處正知：了知心是否不斷地專注於修止、觀業處的智慧；（四）不痴正知：如實了知身心無常、苦、無我本質的智慧。

⑩定 (samādhi)：音譯為「三摩地」、「三昧」，意譯為「正定」、「等持」。即心完全專一的狀態，將心和心所平等、平正地保持在同一個所緣上，而不散亂、不雜亂。

⑪Bud-dho是用來方便持念的咒語，是由Buddha（佛陀）轉化而來，在泰國一般被拿來作為禪修的所緣。

⑫五蘊 (khandha)：「蘊」意指「積集」，五蘊即指構成人身、心的五種要素：（一）色蘊：色即物質，包括四大種及其所造色。（二）受蘊：受即感受，包括眼觸等所生的苦、樂、捨等感受。（三）想蘊：想即思想與概念，是通過眼觸等對周遭世界的辨識，包括記憶、想像等。（四）行蘊：行即意志的活動（心所法），包括一切善、惡的意志活動。（五）識蘊：識即認識判斷的作用，由六識辨別六根所對的境界。以上色蘊屬於色法，受、想、行、識蘊則屬於心法。

⑬慧 (Paññā)：音譯「般若」，係指對實相的了解與洞見。

⑭「八正道」又稱為「八聖道支」，是成就聖果的正道，也是能入於涅槃的唯一法門，有八種不可缺少的要素：正見、正思惟、正語、正業、正命、正精進、正念、正定。其中正語、正業、正命屬於戒學；正精進、正念、正定屬於定學；正見、正思惟屬於慧學。

⑮「隨信行者」是以信仰為主而獲得初步證悟者，它相對於依理論而得初步證悟的「隨法行者」，兩者皆是從凡夫到聖人的最初證悟──須陀洹。隨信行者所得的證悟稱為「不壞淨」，得此淨信者，絕對不會從佛教信仰退轉而改信其他宗教。

⑯「不壞淨」是絕對而確實的金剛不壞的淨信，共有四項：對佛、法、僧三寶絕對皈依的信，以及對聖戒的絕對遵守，稱為「四不壞淨」。

第二部

定

【第一章】一份「法」的贈禮

在巴蓬寺裡，比丘們的雙親有時會來探訪兒子，我很遺憾沒有禮物可以送給這些訪客。西方人已有許多物質上的東西，但所擁有的「法」很少。我曾到過那裡，親見那裡只有很少的能帶來安穩與平靜的「法」，有的只是會持續讓人心感到困惑與不安的事物。

西方的物質已非常富庶，許多事物都充滿官能的引誘——色、聲、香、味、觸等。然而，不知「法」的人只會被它們迷惑。因此今天我將以「法」為贈禮，讓你們從巴蓬寺與國際叢林寺 (Wat Pah Nanachat) 帶回家去。

知道的「法」愈少
心就會經常處於迷妄中

「法」是什麼？「法」是能解決我們的問題與困難的東西，逐漸將大事化小，小事化無。這才是所謂的「法」，且應透過日常生活加以學習，如此當一些法塵①在內心生起時，就能立即處理它。

無論身在泰國或其他國家，我們都有各種問題，若不知如何

解決，就會一直受困於痛苦與憂傷中。能解決問題的是智慧，要有智慧必須先開展和訓練我們的心。

修行的題材一點兒也不遙遠，就在我們的身心裡。西方人和泰國人一樣都有身與心，有迷妄的身與心，就表示是個迷妄的人；而有平靜的身與心，則表示是個平靜的人。

事實上，心如雨水，在自然狀態下它是純淨的。但若滴一些綠色顏料到澄淨的雨水裡，它就會變綠，若滴黃色顏料則會變黃。心的反應也是如此，當舒適的所緣滴到心裡，心就感到舒暢；當不舒適的所緣滴進時，它就會不愉悅。它如水一般被染色了。

當澄淨的水接觸黃色就變黃，接觸綠色就變綠，它經常在改變顏色。事實上，綠色或黃色的水原是澄淨而清澈的，在自然狀態下，心也是清淨無染的，只因追逐所緣才變得困惑，而迷失在它的情緒中。

讓我解釋得更清楚些，想像你正在寂靜的森林中禪坐。若無風，樹葉是靜止的，風一吹就會飄動。心就如葉子般，當接觸所緣時，它也會根據所緣而搖晃、顫動。我們知道的「法」愈少，心就愈會持續追逐所緣，感覺快樂就屈服於快樂，感覺痛苦則屈服於痛苦，經常處於迷妄之中！

定

最後，人會變得神經質，為什麼？因為無知，他們只是跟著情緒走，而不知如何照顧自己的心。當心缺乏照顧時，就如無母親或父親照顧的孩子，沒人保護的孤兒會非常缺乏安全感。同樣地，若心缺乏照顧，若性格因缺少正思惟的鍛鍊而不成熟，事情就可能會變得很麻煩。

當心與法塵接觸時
若不以智慧處理，心就會被擾亂

我想談的是名為「業處」（kammaṭṭhāna）②的修心法，kamma意指「作業」，ṭṭhāna意指「處」。這是佛教讓心安定與平靜的方法。以它來調伏心，以調伏後的心觀察身。

生命只由身與心兩部分組成，「身」是指肉眼能看到的部分，而「心」則指非物質的部分，它只能由「內在之眼」或「心眼」看到。身與心這兩部分，經常處於混亂的狀態中。

什麼是「心」？它其實不是任何「東西」。就世俗的意義而言，它是能看或能感覺者，那個能感覺、接受與經驗一切所緣者，就名為「心」。當下就有心，當我對你們說話時，你們的心認知到我所說的話，聲音進入耳朵，然後知道我說了什麼，那個能經驗這過程的就稱為「心」。

定

此心並無任何自性或實體，它沒有任何相狀，只是經驗心理活動——如此而已！若我們教導心使之具有正見，它就不會有任何問題，而會很自在。

心是心，法塵是法塵；法塵不是心，心也不是法塵。為清楚了解內在的心與法塵，我們便說能接受法塵突然「啪」地闖進來的，就是心。

當心與其所緣兩者相互接觸時，就產生感覺，有好、壞、冷、熱各式各樣的感覺。若不以智慧處理這些感覺，心就會被擾亂。

禪修核心——觀察呼吸

禪修是種開發內心的方法，以使心成為智慧生起的基礎。其中，呼吸是身體的基礎，觀察呼吸的修行方式稱為「安那般那念」（ānāpānasati），或「入出息念」。我們將呼吸當作心的法塵，以它為禪修的所緣，因為它是最簡單的，且自古以來一直是禪修的核心。

當我們坐禪時是交腳盤坐：右腳放在左腳上，右手放在左手上。保持背部挺直，然後對自己說：「現在，我要放下一切的

定

負擔與掛礙。」你不想受到任何事的干擾，暫時放下一切掛
礙。

現在，將注意力放在呼吸上，開始吸氣與吐氣。在練習入出
息念時，不要刻意拉長或縮短呼吸，也不要讓它變強或變弱，
只要讓它正常與自然地流動。從內心生起的正念與正知，會覺
知入息與出息。

放輕鬆，不要想任何事。你唯一要做的，就只是將注意力放
在呼吸上，除此之外，其他的事一概不管！保持正念，專注在
吸氣與吐氣上，覺知每個呼吸的初、中、後段。吸氣時：氣息
是從鼻端開始；中段在心臟；後段則在腹部。吐氣時，剛好相
反：氣息從腹部開始；中段在心臟；後段則在鼻端。

把注意力放在這三點上，將可紓解一切煩憂，什麼都別想，
持續將注意力放在呼吸上。也許其他的念頭會闖進來，而讓你
分心，別理它，只要再次將注意力拉回呼吸上。心可能會被判
斷與觀察所緣的動作打斷，別理它，持續練習，持續覺知每個
呼吸的初、中、後段。

最後，心將隨時都能覺知呼吸的這三個點。當練習一段時間
後，心與身會逐漸習慣這項工作。疲倦會消失，身體會感到輕
鬆，呼吸也會愈來愈微細。正念與正知會保護心，並照顧它。

定

讓心平靜
以生起智慧

如此練習，直到心平靜與安定，直到「心一境性」。「心一境性」意指心與呼吸完全合一，不離開呼吸。心此時是無染與自在的，覺知呼吸的初、中、後段，並安住於其上。

心平靜下來後，接著只要將注意力鎖定在鼻端的呼吸，無須再跟著它上下往返。呼吸進出時，只專注於鼻端。

這就名為「靜心」，讓心放鬆與平靜。當輕安出現時，心就會止住，它會停在呼吸上。這就是大家熟知的，讓心平靜，以便使智慧生起。

這是開始，是修行的基礎，無論身在何處，都應每天練習。無論在家裡、車上，躺著或坐著，都應保持正念、正知，隨時照顧自己的心。

這就是所謂的「修心」，無論在行、住、坐、臥時都應練習，而不是只在打坐時才練習。重點是應隨時覺知內心的狀態，為了做到這點，我們應經常保持正念、正知。心是快樂或痛苦？它迷妄嗎？它平靜嗎？設法覺知內心，如此才能使它平靜，心平靜時，智慧就會生起。

身體是由
地、水、火、風組成

以輕安的心觀察禪修的主題——身體，從頭頂到腳底，然後再從腳底到頭頂。如此不斷地重複，將注意力放在頭髮、體毛、指甲、牙齒與皮膚上。③在此禪法中，我們將看到整個身體都是由四界——地、水、火、風④所組成。

我們身體堅硬與固體的部分是由地界所組成；液體與流動的部分是水界；進出身體的氣體是風界；身體的熱能則是火界。

當它們聚在一起就組成所謂的「人」。不過，當身體分解時，則只剩下這四界。佛陀教導我們，其中並無所謂的「眾生」，沒有「人」，沒有泰國人，沒有西方人，沒有個人，最後只有這四界——如此而已！我們認為有個「人」或「眾生」，但其實並沒有這種東西。

無論分解成地、水、火、風，或組成所謂的「人」，一切都是無常、受制於苦和無我的。它們都不穩定、不確定，且經常在變化——無時無刻是穩定的！

我們的身體是不穩定的，不斷在改變與變化。頭髮在改變、指甲在變、牙齒在變、皮膚在變——每樣東西都在改變，無一在不變化！心也一樣不斷在變化，它並非自我或任何不變的實

體，也不是真實的「我」或「他」，雖然它可能這麼想。也許它會想自殺，也許會想到快樂或痛苦——各類的事！它是不穩定的。若沒有智慧，且相信這顆心，它將會不斷欺騙我們，而我們便會在苦、樂之間擺盪。

心是常變化的東西，身也是如此。身心整體是無常的，是苦的來源，是無我的。這些就是佛陀所指出的，不是眾生，不是個人，不是自我，不是靈魂，不是我們或他們，它們只是地、水、火、風四界而已。

看見無常、苦、無我
貪、瞋、痴會逐漸消失

一旦心了解這點，它就能放下，不再執著「我」是美麗的、「我」是善的、「我」是惡的、「我」在痛苦、「我」擁有、「我」這個或「我」那個等。你會體驗到一種一體的狀態，因為你已了解到所有的人基本上都相同——沒有「我」，只有四界而已。

當你思惟並看見無常、苦與無我時，就不會再執著自我、眾生、我、他或她。心看見這點，就會生起厭離，它會看見一切事物都只是無常、苦與無我的。

定

　　然後，心會停止，心就是「法」。貪、瞋、痴會逐漸消逝，最後只剩下心——純淨的心。這就稱為「禪修」。

　　這份「法」的贈禮，是給你們在每天的生活中研究與思惟的。它會指出安心之道，讓心平靜與不惑，你們的身體可能在混亂中，但心則不會；世人或許會覺得迷妄，但你們卻不會。當被迷妄包圍時，你們不會迷妄，因為心已看見，心就是「法」。這是正道——正確的道路。

【注釋】

①法塵：即意根（心）所對之境，為六塵（色、聲、香、味、觸、法）之一。

②業處 (kammaṭṭhāna)：直譯為「作業之處」或「工作之處」，是禪修者成就止觀的基礎，或修習止觀的對象。《清淨道論》有舉四十業處，即：（一）十遍處；（二）十不淨；（三）十隨念；（四）四梵住；（五）四無色；（六）食厭想；（七）四界差別。參見《清淨道論》第三〈說取業處品〉。

③這是「身念處」十四種禪修法之一，是將身體分成三十二部分作為禪修的主題，前五項即是頭髮、體毛、指甲、牙齒、皮膚。修持時以厭惡作意正念於身體各部分的不淨，是止業處；若以四界（地、水、火、風）觀照，是觀業處。修習此法能去除對五蘊的執著而獲得解脫，是佛教特有的修行方式。參見《清淨道論》第八〈說隨念業處品〉與第十一〈說定品〉。

④四界是地界、水界、火界、風界，這些是色法不可分離的主要元素，在它們的組合之下，造成小至微粒子、大至山嶽的一切色法。這四大元素因「持有自性」，故稱為「界」。

【第二章】內心的平衡

　　安定內心的意思是，尋找到正確的平衡。若你過度勉強心，它會太超過；若你不夠努力，它又會錯失了平衡點。

　　通常，心不是靜止的，它不時在動搖，我們必須鞏固它。讓心強壯和讓身體強壯不同，要讓身體強壯，就得鍛鍊它、勉強它；要讓心強壯，則得讓它平靜，不胡思亂想。對我們大多數人而言，心從未平靜，它不曾擁有過「定」的力量，因此，我們必須在一個範圍裡將它建立起來。我們禪坐，與「覺知者」同在。

專注於呼吸
使身心輕安

　　若強迫呼吸變長或變短，我們就無法平衡，心也不會變得平靜。就如我們初次使用縫紉機時，在實際縫東西之前，得先練習踩機器，以使動作協調。修習入出息念也是如此，不要在意它是長或短、弱或強，就只是注意它。我們只是隨它去，隨順自然地呼吸。

　　當它平衡時，就可以將呼吸做為禪修的所緣。當吸氣時，氣

息是從鼻端開始，中間是胸部，最後則到腹部；當吐氣時，順序則正好相反。過程中，只要注意鼻端、胸部與腹部。注意這三點是為了讓心穩固，限制心理活動，以便讓正念與正知能輕易地生起。

當注意力安住在這三點上時，就可放下它們，只單獨專注於氣息進出的鼻端或上唇，無須再跟著呼吸上下，而是在鼻端建立正念，注意這一點上的呼吸——進、出、進、出。

無須特別去想些什麼，只要專注於這項簡單的工作，讓心活在當下。不久，心就會平靜，呼吸也會愈來愈微細，心與身都會變得輕安。這是禪修正確運作的狀態。

持續覺知
心是否安定？

坐禪時，心變得愈來愈微細，無論它在何種狀態，都應儘量覺知它。在那裡，心理活動和輕安①並存，此時有「尋」②，它是將心帶入思惟主題的舉動，有多少正念就有多少尋。然後「伺」③會緊接著出現，圍繞那主題進行思惟。

各種微弱的所緣可能會不時生起，但我們的正知是關鍵——無論發生什麼事，我們都持續覺知它。當我們更深入時，仍要

持續覺知禪修的狀態,覺知心是否安定。因此,定與覺知兩者便都現前。

有一顆平靜的心,並不表示都沒有事情發生,所緣還是會生起。例如,當我們說初禪時,會說它有五禪支④,除了尋與伺之外,還有「喜」⑤會隨著禪修主題生起,然後是「樂」⑥。這四者在輕安生起時並存於心,它們是單一的狀態(single state)。

第五支是「一境性」⑦。你們可能會質疑,在同時有其他禪支存在的情況下,怎麼可能是「一境性」?這是因為它們在輕安的基礎上全都成為一體,它們一起被稱為「定」的狀態。它們不是日常的心理狀態,而是禪定的要素。這五種特相,都不會妨礙基本的輕安,「尋」不會妨礙心,「伺」、「喜」、「樂」的生起,也同樣不會妨礙心。心與這些禪支是一體的,這是初禪。

禪定深入時
五蓋皆消失

我們無須稱它為「禪那」⑧──初禪、二禪等,讓我們稱它為「平靜的心」。當心愈來愈平靜時,它就會捨棄「尋」與

「伺」，只留下「喜」與「樂」。心為何要捨棄「尋」與「伺」
呢？那是因為心愈來愈微細，「尋」與「伺」的活動太粗糙
了。在這個階段，心停止「尋」、「伺」，可能生起狂喜的感
受，眼淚也許會如泉湧奪眶而出。

但是，當禪定更深入時，「喜」也會被捨棄，只留下「樂」
與「一境性」，最後，連「樂」也不見了，心達到最微細的狀
態。此時，只有「捨」⑨和「一境性」，其他一切都停止了，
心安住不動。

一旦心平靜後，上述的情況就會發生。你們無須對它想太
多，當因緣條件成熟時，它自己就會發生，這就稱為「靜心的
能量」。在這個狀態中，心不會昏沈，五蓋──貪欲、瞋恚、
掉舉、昏沉睡眠與疑──都消失了。

心安住於正念、正知
不會落入疑惑中

若心理能量不夠強固，且正念微弱，所緣就會偶爾闖入。心
是平靜的，但平靜中好像有些混濁。然而，它不是一般的昏
沈，某些印象會顯現──也許會聽到一個聲音，或看到一隻狗
或其他東西。它不是那麼清晰，不過也不是夢，這是因為五禪

支已經變得不平衡與微弱的緣故。

　　心在這些輕安的階段中很容易耍花招。心處於這種狀態時，意象有時會透過任何感官產生，禪修者無法確認究竟發生了什麼事。「我睡著了嗎？不。這是夢嗎？不，這不是夢……」這些印象從中等的輕安中生起；若心真的平靜與清晰，我們就不會對各種生起的所緣或影像產生疑惑，不會生起：「我剛才恍惚了嗎？我睡著了嗎？我是否迷失了？」等這種問題，因為它們是內心還有疑惑的特徵。

　　「我是睡著或醒著？」這樣的心是迷糊的，迷失在情緒之中，猶如躲在雲後的月亮，你仍可以看見月亮，但是雲讓它變朦朧了。它不像已破雲而出的月亮，皎潔而明亮。

　　若心是平靜的，且安住在正念、正知上，則對於所遭遇的各種現象就不會有疑惑，心將確實地超越這些障礙。我們將如實覺知心裡生起的每一件事，不會落入疑惑中，因為心是清晰與光明的。禪定裡的心就是如此。

止與觀
相輔相成

　　有些人發現入定很難，因為他們沒有正確的趨入法，雖然有

些禪定，但不夠強固。然而，這種人可透過使用智慧、思惟與看見事物的實相，而達到平靜，並以這種方式解決問題。這是使用智慧，而非定力。

在修行中達到平靜，並不一定需要坐禪。只要問你自己：「嗨，那是什麼？」當下便解決你的問題！一個有智慧的人可以如此做，也許他們無法進入深定，但已有足夠的定力可以長養智慧。之間的差別，就如種植稻米與小麥，人們在生計上依賴稻米更甚於小麥。我們的修行也是如此，更依賴智慧來解決問題。當看見實相時，平靜就會生起。

智慧與禪定的方式並不相同。有些人擁有觀與較強的智慧，但定力並不深。當他們坐禪時，並不平靜，會想得多一點，思惟這個與那個，直到最後思惟苦與樂，並看見它們的實相為止。無論行、住、坐、臥，「法」的覺悟都可能發生。他們透過觀看、捨棄、了解實相與超越疑惑，達到平靜，因為他們已親自看見它。

另外一種人則只擁有少許的智慧，但定力卻很強。他們可以很快進入深定，但卻缺乏智慧。他們捉不到自己的煩惱，無法覺知它們，也無法解決自己的問題。

不論採取何種方式，我們都必須去除不正確的思惟，只留下

正見。我們必須去除迷妄，只留下平靜。

這兩種方式殊途同歸。修行的這兩面──止與觀，是相輔相成的，缺一不可。

正念是
單純的專注

正念負責「審視」禪定中生起的各種禪支，它是透過修行，可幫助其他禪支生起的因緣。正念是生命，當缺乏正念，或心放逸時，我們就猶如死了一般。若無正念，我們的言行就會毫無意義。正念是單純的專注，它是生起正知和智慧的因。無論培養何種美德，若缺乏正念，它們便是不圓滿的。正念在行、住、坐、臥時照管我們，即使不在定中，它也會一直現起。

無論做什麼，都要保持警覺。如此一來，慚愧⑩將會生起，對於做錯的事會感到慚愧。當慚愧增強時，定力也會隨之增強，放逸就會消失。即使不坐禪，這些禪支也會在心中現起。

禪支會生起，是因為培養正念。長養正念吧！它有真實的利益，能在工作的當下，念念分明。若我們如此覺知自己，對錯自然立辨，解脫道會變得更清楚，一切慚愧的因消失，智慧便會生起。

定

我們可以將修行歸納為戒、定、慧：專注與自制是「戒」；
心在那控制之內穩固地建立起來是「定」；對於所從事活動，
能完整而全面地了知是「慧」。修行，簡單地說，就只是戒、
定、慧，換句話說，就是解脫道。除此之外，別無他法。

【注釋】

①輕安 (passaddhi)：有身（心所）輕安與心輕安兩種，其特別的作用是分別破除心
　所與心的不安，對治掉舉和惡作，平靜心所和心的躁動。

②尋 (vitakka)：是將心投入或令它朝向所緣的心所；伺 (vicāra) 是保持心繼續專注
　在所緣上。在禪修時，尋的特別作用是對治昏沉睡眠蓋，伺則對治疑蓋。尋如
　展翅起飛的鳥，伺則如展翅於天空滑翔的鳥。尋和伺的作用強，心可長時間安
　住於所緣，達到禪定。

③參見注②。

④五禪支：諸禪由稱為「禪支」的心所而分別，通過逐一捨棄較粗的禪支，增強定
　力以提昇較微細的禪支，即能進入更高的禪定。初禪有尋、伺、喜、樂、一境
　性五禪支；第二禪有喜、樂、一境性；第三禪有樂、一境性；第四禪有捨、一
　境性。

⑤喜 (pīti)：喜歡或對所緣有興趣，共有五種：小喜、剎那喜、繼起喜、踴躍喜、
　遍滿喜。禪定之喜是遍滿喜，生起時，猶如水注滿山洞般展至全身。喜禪支對
　治瞋恚蓋。

⑥樂 (sukha)：心的樂受，是脫離欲樂而生，對治掉舉和惡作蓋。

⑦一境性 (ekaggatā)：直譯巴利語是「一」(eka)「專」(agga) 之「境」(tā)。此心所
　是所有禪定的必要因素，其作用是配合其他禪支，密切地觀察所緣，能對治貪

欲蓋。

⑧禪那 (jhāna)：即心完全專一的狀態，通常包括四色界禪和四無色界禪。

⑨捨 (upekkhā)：心所法之一，是對所有的心所採取中立的態度。此處之「捨」為「禪捨」，是指對第三禪的最上之樂也能不生好惡，無有偏向。

⑩此慚愧是建立在因果知識的基礎上，而非情緒性的罪惡感。

定

【第三章】和諧的正道

你有多自信，有多肯定，你在自己的禪修中嗎？這麼問很合理，因為現在包括比丘與在家人都在教導禪修，因此可能會讓你們感到猶豫與懷疑。但你們若有清楚的了解，就能讓心平靜與安定。

你們應了解，八正道即戒、定、慧，「道」不外乎此。修行就是為了讓「道」在心中生起。

讓呼吸自然進行
別強迫它變長或變短

坐禪時，我們被教導要閉上眼睛，別亂看東西，因為現在要直觀內心。當閉上眼睛時，注意力就會向內集中，我們將注意力放在呼吸上，把感覺集中在那裡，將正念也放在那裡。當道支①處於和諧的狀態時，我們就能如實地看見呼吸、感覺、心與法塵。這裡我們將看見「焦點」，定與其他道支會在那裡和諧地匯集。

當你和他人同時坐禪時，想像你是在獨自靜坐，培養獨自靜坐的感覺，直到心放下一切外緣，只專注於呼吸為止。若你一

直想：「這人坐在這裡，那人坐在那裡」，就無法安靜下來，因為心不會向內集中。拋開一切，直到感覺無人坐在身旁，直到空無一物，直到不再搖擺，對周遭的事物都不感興趣為止。

讓呼吸自然地進行，別強迫它變長或變短，只要坐下來看著它進出。一旦心放下一切外緣，汽車的聲音或其他類似的東西就不會妨礙你。色或聲，沒有任何東西會妨礙你，因為心不受理它們，會完全集中在呼吸上。

和諧出現時
心不再迷妄

若心是迷妄的，且無法集中在呼吸上，就深呼吸一口氣，盡可能吸進空氣，然後再吐盡，如此連做三次，然後重新調整注意力。此時，心會變得比較平靜。

心暫時靜下來後，不安與迷妄會再度生起，這是很自然的情況。當這情況發生時，就再一次深呼吸，將注意力重新建立在呼吸上，只要持續如此做。當這情況發生幾次之後，你就會熟悉它，心會放下一切外緣，正念便能穩固建立。

心變得愈來愈微細時，呼吸也會如此，感覺將變得愈來愈敏銳，身與心都會變輕。我們的注意力被鎖定在裡面——清楚地

看見入息與出息，並清楚地看見一切法塵。在此將看見戒、定、慧一起出現，這就稱為和諧的正道。當和諧出現時，心不再迷妄而成為一體，這就稱為「定」。

當心穩固地統一後
沒有任何法塵能打擾它

在觀察呼吸一段長時間後，它會變得很微細，呼吸的覺知也會逐漸停息，只剩下純粹的覺知。現在要以什麼作為禪修的所緣呢？就以這認識——覺知無呼吸的狀態，作為所緣。無法預料的事可能會在此時發生，有些人會經驗到它們，有些人則不會。

若它們真的生起，我們應穩住並保持堅定的正念。有些人看到呼吸消失時會感到恐慌，怕自己會死。在此，我們應如實覺知當時的情況，只要注意呼吸消失，並以此作為覺知的對象。

我們可以說心不動的狀態，是最穩固的定的形式。也許身體的感覺會輕到好像感覺不到一樣，會覺得有如凌空而坐。雖然這似乎很不尋常，你應了解它沒什麼好擔心的，只要讓心安定下來即可。

當心穩固地統一後，沒有任何法塵能打擾它，想在這狀態待

多久都可以。沒有痛苦的感覺會來打擾,到達這程度的定後,可隨時選擇離開它;但當出定後,是很舒服地出定,而非因對它感到厭煩或厭倦。我們出定,是因現在已經足夠,已感到很自在,沒有任何問題了。

若能發展出這種定,則坐三十分鐘或一小時,心就能維持好幾天的平靜與安定,當心如此時,是清淨的。無論經驗到什麼,都能從容面對與觀察,這是定的成果。

戒、定、慧各有其功能輾轉相生

戒、定、慧各有其功能,這三者就如一個循環,我們可在平靜的心中看見它們全部。當心安定時,因為智慧與定力,它就有鎮定與自制。當心變得愈來愈鎮定時,就會愈微細,結果又反過來讓戒更清淨。當我們的戒更清淨時,這將有助於定的發展。當定穩固地安立時,又有助於智慧的生起。戒、定、慧就如此輾轉相生。

最後,正道變成一個,且隨時都在運作。我們應培植從正道產生的力量,因它能帶來洞見與智慧。

定

由定而來的樂
易產生執著

定能為禪修者帶來許多利益或傷害。對無智慧的人而言是傷
害，但對有智慧的人則是真實的利益，因為它能引導至觀。

可能對禪修者造成傷害的是「安止定」②——具有深刻而持
久的定。這種定會帶來大平靜，有這種平靜的地方就有快樂，
有快樂時，對那快樂的貪欲與執著就會生起。此時，禪修者不
想思惟其他事情，只想沈湎於愉悅的感受中。

當修行一段時間後，我們可能變得擅長於此，很快就能入
定。一旦我們開始注意禪修所緣時，心就能入定，不想再出來
觀察任何事情，陷在那快樂中而無法自拔，這是個危險。

我們必須使用近行定③。在此我們入定，然後當心充分安定
時，就出來看外在的活動④。以定心去看外在的活動，將能產
生智慧。這很難理解，因為它很像一般的思考與想像。

當思考存在時，我們可能會認為心是不平靜的，但事實上這
思考是發生在定中。雖然有思惟，但它不會妨礙定。提起思
考，是為了思惟它，這不是妄想或臆測，這思惟是從平靜的心
生起，這就稱為「在定中覺，在覺中定」。若它只是普通的思
考與想像，心就無法平靜，而會受到干擾。

我現在說的並非一般的思考，它是思惟（觀），智慧就從這裡出生。

心入定而完全無覺知
即是邪定

因此，有正定與邪定。邪定是心入定，而完全無覺知。你可以坐兩個小時甚至一整天，但心並不知道它到過哪裡，或發生什麼事。有定，但僅此而已，就如一把使用不到的利刃，這是種受蒙蔽的定，因為缺少覺知。禪修者可能會認為自己已達到究竟，因此無須費心去尋找其他東西。定在這層次可能成為敵人，因為缺少對與錯的覺知，所以智慧無法生起。

若是正定，無論定境多深，都一定有覺知，它充滿正念與正知。這是能生出智慧的定，人們在此不可能會迷失，禪修者應了解這點。少了這覺知你將無法成功，它從頭到尾都必須存在，這種定才沒有危險。

正定開發出來時
慧隨時可能生起

你們可能會質疑，慧如何從定生起。當正定被開發出來時，

慧隨時都有機會生起──在一切姿勢中。當眼見色、耳聞聲、鼻嗅香、舌嘗味、身受觸，或心經驗法塵時，心都完全覺知那些法塵的真實本質，不會追逐它們。

當心有智慧時，就不會揀擇，無論在任何姿勢，都能完全覺知樂與苦的出生。我們能放下這兩者，不會執著，這才是正確的修行，在一切姿勢中都應該如此。

「一切姿勢」不僅指身體的姿勢，同時也指心，隨時都對實相具有正念、正知。當定被正確開發時，智慧就會如此生起。這是「觀」──對實相的覺知。

有粗與細兩種平靜。來自於定的平靜是粗的，當心平靜時會有快樂，它便以這快樂為平靜。但快樂與痛苦都隸屬於「有」與「生」的領域，只要我們仍執著快樂，就不可能從生死輪迴中解脫。因此，這種的快樂不是平靜，平靜也不是快樂。

另一種平靜，是來自於智慧的平靜。在此平靜與快樂不會混淆，我們了解智慧之心──思惟並覺知快樂與痛苦──才是平靜。從智慧生起的平靜，能了解快樂與痛苦的實相。心不會執著那些狀態，它超越它們而生起，這才是所有佛教徒修行的真正目標。

【注釋】

①道支：即指八正道。

②安止定 (absorption samādhi)：即心完全專一的狀態，又稱為「禪那」，包括四色界禪與四無色禪。安止定是相對於近行定 (upacāra samādhi) 而言，安止定的禪支強固，定心可以持續不斷，而近行定是指接近安止的定，其禪支尚未強固，定心無法長時持續。

③參見注②。

④「外在的活動」是指所有法塵的活動，它是被拿來和安止定的內在活動作對比，在安止定中，心不會「出來」接觸外界的法塵。

定

【第四章】心的訓練

少欲知足
完全投入禪修

　　在阿姜曼和阿姜紹①的時代，生活比較簡單，比今天單純許多。那時比丘們只做少數的工作與儀式，他們住在森林裡，居無定所，可以完全投入禪修。今日我們司空見慣的奢侈品，對他們而言是很少見的，它們用竹子製作茶杯與痰盂，在家人很少來訪。比丘們都能少欲知足，自得其樂。他們生活與呼吸的，都是禪！

　　比丘們就生活在如此物資匱乏的困苦環境中，若有人染患瘧疾前往求藥，老師會說：「你不需要醫藥，繼續修行吧！」此外，當時根本沒有像現在這麼方便的藥物可用，有的只是在森林裡生長的藥草與根莖。比丘們面對如此的環境，必須有更大的耐心與毅力，他們不會為了一些小病痛而操心。現在，你們只要有一點小毛病，就立刻往醫院跑了！

　　有時你必須走十一、二公里的路去托缽，在黎明時就啟程，也許到十或十一點鐘才回來。你並未得到很多食物，也許只有

定

一些糯米飯、鹽與一點辣椒，是否有配飯的菜都無妨，當時情
況就是如此。沒人會抱怨飢餓或疲憊，他們不習慣埋怨，只學
會照顧好自己，秉持耐心與毅力，在危機四伏的森林中修行。
叢林裡有許多猛獸，因此，修持頭陀行的森林比丘們身心都備
受煎熬。確實，當時比丘們的耐心與毅力都超乎常人，因為環
境迫使他們必須如此。

今天的環境則迫使我們往相反的方向。從前人們旅行得靠雙
腳，然後有了牛車，接著是汽車。渴望與欲求愈來愈大，到了
現在，若車裡沒有冷氣，你甚至還不想坐——若沒有冷氣就去
不了！耐心與毅力的美德已日益式微，禪修與修行的標準也愈
來愈鬆散。現在的禪修者都喜歡隨著自己的想法與欲望行事，
當老一輩的人講到從前時，就如在聽神話或傳奇故事。你只是
不在意地聽，絲毫不了解，因為它與你完全無關。

不跟隨習氣
只閱讀自己的心

根據從前的出家傳統，身為比丘至少得與老師共住五年。有
些時日必須禁語，不說太多話，不閱讀書籍，只讀自己的心。
以巴蓬寺為例，現在有許多大學畢業生來出家，我試著勸阻他

們花時間讀經，因為這些人一直都在讀書。他們有許多機會讀書，卻少有機會讀自己的心。因此，當他們遵照泰國傳統來出家三個月時，我會試著請他們闔上書本與手冊。在出家時，他們會擁有殊勝的機會閱讀自己的心。

聆聽自己的心是很有趣的，未經訓練的心只會跟著自己的習氣跑，它因從未受過訓練而恣意躍動。訓練你的心！佛教的禪修是與心有關的——修習你自己的心，這非常重要。佛教是「心」的宗教，如此而已。修習心的人，就是佛教的修行者。

我們的這顆心就住在牢籠裡，更糟的是，那是頭關在籠子裡盛怒的老虎。這顆狂心若得不到它想要的，就會製造麻煩，你必須以禪與定訓練它，這就稱為「訓練心」。

修行的基礎起初是持戒，戒是身、語的訓練，它可能帶來衝突與迷妄。當你不讓自己做想做的事時，衝突就會產生。這衝突介於智慧與煩惱之間，就是所謂的「帶來苦滅之苦」。

少吃、少睡、少說！凡是過去的世俗習慣，一律要減少，要勇於反抗它們的勢力。不要只做自己喜歡的事，或縱容自己的想法。停止這種盲從，你必須經常對抗這無明之流，這就稱為「戒」。當以戒訓練自己的心時，它會變得非常不滿，且力圖反抗，因它受到限制與壓抑。當這顆為所欲為的心受到阻撓時，

便會開始徘徊與掙扎，對我們而言，「苦」在這時便會變得很明顯。

禪修之前
須先知道「苦」是什麼？

「苦」是四聖諦中的第一諦，許多人都想擺脫它，絲毫不想擁有任何痛苦。事實上，苦能帶來智慧，它讓我們思惟苦諦。樂很容易讓人閉起眼睛與耳朵，而無從長養耐心，舒適與快樂會讓人草率輕忽。就這兩種煩惱而言，苦是較容易被覺察的。因此，為了止息苦，就必須先將它提出來。在知道如何禪修之前，我們必須先知道「苦」是什麼。

一開始，你必須如此訓練自己的心。也許你不了解發生什麼事，或它的要點為何，但當老師告訴你做什麼時，你就必須去做，如此才能發展出耐心與毅力的美德。無論發生什麼事，都應承受，因為那就是它的方式。

例如，當開始修定時，你想要安定與平靜，卻毫無所獲，因為你從未如此修行過。你的心說：「我將一直坐到平靜為止。」但平靜從未生起，此時你感到痛苦。當苦出現時，你就起身跑開！如此的修行，不能稱為修心，只能說是逃避。

定

以佛陀的「法」訓練自己

你應該以佛陀的「法」來訓練自己，取代情緒的放縱。無論懶散或勤奮，都只是繼續修行。你不認為這是比較好的方式嗎？跟隨情緒的另一條路，永遠無法帶你通往「法」。若修行佛法，則無論心情如何，都只管繼續修行，不斷地修。自我放縱之道絕非佛陀之道，若我們依自己的觀點，依自己對「法」的看法修行時，將永遠無法看清楚對錯。我們無法知道自己的心、知道自己。

因此，依循自己的教導修行是緩慢的，隨順「法」而修行才是最直接的方式。不論懶散或勤奮時都在修行，對於時間與地點都能清楚地覺知，這就稱為「修心」。

若你放縱自己，依循自己的見解而修行，便會開始胡思亂想並疑神疑鬼。你自己會想：「我既沒有福報，運氣又不好，已禪修了好幾年，到現在還未覺悟，也未見法。」以這種態度修行不能稱為「修心」，只能稱為「修習災難」②。

若你是尚未覺悟、見法的禪修者，仍未改頭換面，那是因為你錯誤地修行，並未遵循佛陀的教導。佛陀如此教導我們：「阿難，努力修行！不斷開展你的修行。如此一來，你的一切

疑惑、不確定都會消失。」你的疑惑無法透過思考、推理、推測或討論而消失,也不因無所作而自動消失,一切煩惱只有透過修心,透過正確的修行才會消失。

如同佛陀所說,修心之道和世間之道正好相反,因為它是來自清淨心。未被雜染附著的清淨心,是佛陀和聖弟子們之道。

若你修習「法」,就必須以自己的心禮敬「法」,而非讓「法」來禮敬你——若你如此修行,痛苦將會生起,沒有人能逃離苦。當你著手修行時,苦早就在那裡了。

禪修者的職責——
正念、攝心與知足

禪修者的職責是正念、攝心與知足,這些事會阻止我們,阻止那些從未受過訓練者的心的習氣。我們為何要費心做這件事呢?若你不訓練心,它就會繼續狂野而順著本性走。訓練那本性,讓它有利於應用,是有可能的。

例如樹木,若只是讓它們保持自然狀態,我們就永遠不可能利用它們來蓋房子,無法將它們做成木板或其他可用的建材。若木匠想蓋房子,他會先找樹,將原木做成有用的建材,那麼在短期內,就能蓋出一棟房子。

　　禪修和修心與此類似。你必須取這顆未經訓練的心，就如在森林裡砍取樹木一般。然後，訓練它，讓它更細緻、敏銳，更能覺知它自己。每件事都處於自然狀態中，當了解它的本質時，就能改變它。我們可以離開它、放下它，然後就不會再繼續受苦。

　　心的本質是，只要它貪愛與執取，就會衍生出不安與迷妄。一開始它可能在四處漫遊，當我們觀察這不安時，也許會認為不可能訓練它，因而感到痛苦。我們不了解心就是如此，即使是在修行，試圖達到平靜，也會有念頭與感覺在四處攀緣，心就是如此。

　　當一再思惟心的本質時，便會了解心就是如此，它不會變成其他的樣子。我們將如實覺知心的方式，那是它的本質。若清楚地了解這點，就能從念頭與感覺中脫身。我們不必一再告訴自己：「它就是如此」，無須多此一舉。心真的了解時，就能放下一切。念頭與感覺仍然存在，但它們已不再具有影響力。

　　這猶如小孩喜歡做一些會激怒人的舉動，惹得我們想責罵或打他們的屁股。我們應該了解，孩子會那樣表現是很自然的，然後放下，讓他們照自己的方式玩耍。如此一來，麻煩就解決了。它們是如何解決的呢？因為我們接受孩子的方式。我們的

看法改變，能接受事物真實的本質。我們放下，心變得更平靜，我們擁有了正見。

邪見使心混亂
正見使心平靜

若我們有邪見③，那麼即使住在深邃的洞穴裡，或在高聳的山頂上都一樣，心還是在混亂中。當擁有正見時，心才會平靜，然後沒有任何疑惑需要解決，也不會有問題產生。

心就是如此，捨離貪染之後便能放下。只要有任何貪愛的感覺，我們都會遠離它，因為我們知道那感覺的實相。它並非特地出現來惹惱我們，我們可能會作如是想，但其實它本來如是；若進一步深入探究也一樣，它就是如此。

若我們放下，那麼色就只是色，聲就只是聲，香就只是香，味就只是味，觸就只是觸，心就只是心。猶如油與水，若將兩者一起放在瓶子裡，因為本質的差異，它們不會混合。

油與水的不同，就和智者與愚人的不同一樣。佛陀和色、聲、香、味、觸、法一起生活，他是個阿羅漢、覺者，他出離這些事物，而非染著它們。他一點一點地出離與斷執，因為他了解心是心，想是想，不會將這兩者混在一起。

定

　　心是心，想與受是想與受，讓事物就只是它們自己吧！讓色只是色，聲只是聲，法只是法。我們為何要多此一舉去貪著它們呢？

　　若能如此思考與感覺，我們就能出離。想法與感覺是一回事，而心則是另外一回事，就如油與水雖同在一個瓶子裡，但兩者是分開的。

　　佛陀、聖弟子們和世俗凡夫生活在一起，他們不僅和這些人住在一起，還教導愚鈍的世俗凡夫如何成為覺悟的聖者與智者。他們能如此做，因為他們知道如何修行，知道心是怎麼一回事，就如我所解釋的一樣。

當你禪修時
不要邊修邊懷疑

　　因此，當你在禪修時，不要邊修邊懷疑。我們剃度出家，並非為了逃離而迷失在愚痴中，也不是由於怯懦或恐懼，而是為了訓練自己，為了做自己的主人。

　　若了解這點，就能依「法」而行，「法」將變得愈來愈清楚。那些了解「法」的人便能了解自己，了解自己的人也能了解「法」。

定

　現今，只剩下暮氣沈沈的「法」的遺物，被公認是佛陀的教誡，事實上，真實的「法」無所不在，無須逃到其他的地方去尋找。你必須透過智慧、才智、善巧方便，來代替逃避，但不要透過無明來逃避。若你希求平靜，那麼讓它成為智慧的平靜，那就夠了。

　無論何時，我們只要見到「法」，就有了正確的方法和道路。煩惱只是煩惱，心只是心，無論何時我們出離，都是立基於事物的實相之上，它們只是我們的所緣。當在正道上時，我們就是圓滿的；當圓滿時，隨時都有開放與自在。

　佛陀說：「聽我說，比丘們！你們不可執著任何法。」這些「法」是什麼？它們是一切事物，無一事物不是「法」，愛與恨、樂與苦、善與惡都是「法」。無論多麼微不足道，一切事物都是「法」。當修行並了解「法」時，我們就能放下，便能遵守佛陀不執著任何「法」的教導。

　我們心裡生起的一切因緣，所有內心的因緣，以及身體的一切因緣，都一直處於變化的狀態。佛陀教導我們不要執著任何因緣，他教導弟子們，修行是為了出離一切因緣，並非為了獲得更多。

定

解脫道——
單純放下每一法

　　若我們遵從佛陀的教導，那就對了。雖然是對的，但仍有麻煩；麻煩不是指那些教導，而是煩惱。煩惱帶來的誤解障蔽了我們，而造成麻煩，遵循佛陀的教導並不真的有任何麻煩。事實上，「執著」佛陀的解脫道並不會帶來痛苦，因為解脫道就是單純地「放下」每一法。

　　究竟的佛教禪修，就是佛陀教導的「放下」。別背負任何東西到處走，要出離！若看到善的，放下；若看到正確的，放下！「放下」的意思不是指無須修行，而是必須遵循「放下」的方法修行。

　　佛陀教導我們要思惟一切「法」，透過思惟自己的身與心來修道。「法」不在其他任何地方，它就在這裡；不在遙遠的地方，它就在我們的這個身心裡。

　　因此，禪修者必須精進修行，讓心更寬廣、光明，讓它自在與獨立。做了一件善行，別一直記掛在心，要放下！戒絕了一個惡行，也要放下！佛陀教導我們要活在當下，就在此時此地，不要讓自己迷失在過去或未來中。

定

放下心中石頭
何等自在

「放下」或「以空心工作」，是人們最難了解，且是最常與自己的意見相左的教法，如此說話的方式稱為「法的語言」。當我們以世俗的語言來想像它時，會感到迷惑，並以為能為所欲為。它可能被如此解釋，但它的真實意義更近於此：就如拿起一塊沈重的石頭，不久後，我們便開始感覺它的重量，但我們不知如何放下它，因此一直忍受這個重擔。

若有人告訴我們拋開它，我們會說：「若拋開它，我將一無所有了。」當聽到各種拋開它可能得到的好處時，我們都不相信，心裡始終認為：「若拋開它，我將一無所有。」因此，我們繼續帶著那塊沈重的石頭，直到筋疲力竭且不勝負荷時，才拋開它。

拋開它之後，我們頓時體會到放下的利益，立刻感到舒適與輕鬆，且親自感受到，背著石頭是多麼沈重！在放下石頭前，我們不可能知道放下的利益。因此，若有人告訴我們放下，一個未覺悟的人不會了解它的意義。他們會盲目地抱著石頭，拒絕放下，直到實在抱不動了，才不得不放下。

此時，他們親自感受到舒適與輕鬆，並知道放下的利益。不

久之後，我們可能又再次背起重擔，但現在已知道結果會如何，因此比較容易放下。這個了解——身負重擔的痛苦與放下的輕鬆舒適，是了解自我的一個例子。

我們的自尊——我們所依賴的自我意識，就好像那塊沈重的石頭。當想到要放下我慢④時，我們會害怕失去一切，從此一無所有。但最後真的可以放下它時，就能親自領悟到不執著的輕鬆與舒適。

心會騙人
不要相信它

在心的訓練中，對於稱讚與責備都不能執著。只想要稱讚而不想要責備，是世間道，而佛道是在適當的時機裡接受稱讚和責備。例如，養育小孩最好不要成天責罵，有些人罵過頭了。智者知道何時應該責罵，何時應該稱讚。

我們的心也是如此，善用才智了解你的心，並善用方便照顧它，如此你將成為善於修心的人。若心是善巧的，它就能使我們解脫痛苦。苦，就存在我們心裡，它經常讓事情變複雜，讓心變沈重。它在就在這裡生、滅。

心之道就是如此，有時是善念，有時是惡念。心會騙人，不

要相信它！應該直觀心本身的因緣，接受它們的實相，它們就是它們本來的樣子；無論是善、惡或其他，它就是如此。若你不執著這些因緣，它們就只會是它們那樣，不多也不少。若我們執著，就會被反咬住，並因而受苦。

具備正見就只會有平靜，定會生起，慧也會生起。無論行、住、坐、臥，都有平靜；所到之處皆平靜，無有一處不平靜。

隨時隨地
都可以修行

今天你們來聞法，有些你們可能已了解，有一些則否。為了讓你們更容易了解，我說了一些修定的觀念與方法，無論你們認為它是對或錯，都應思惟它。

我自己身為老師，也處於類似的困境中。我也是盼望能聽到「法」的開示，因為無論到哪裡，我總是為別人開示，從未有機會聆聽。因此，你們真的應該感謝能聽到老師的開示。

當你坐著靜靜聆聽時，時間飛快流逝，你渴望「法」，因此認真地聆聽。起初，為別人說法是種樂趣，但不久之後，樂趣就消失了；你感到無聊與厭煩，然後會想聆聽。

因此，當你從老師那裡聽到開示時，你的心深受鼓舞，並很

定

快地就能了解。當你年老並渴望「法」時，它的滋味尤其分外甜美。

身為別人的老師，你是他們的模範，也是其他比丘的榜樣，乃至所有人的模範，因此不要忘了自己，但也不要想著自己，若這種想法生起，立刻拋開它們。若能如此做，你就是個了解自己的人。

有千百種修習佛法的方式，關於禪修的內容是說不完的。有許多事情可能讓我們疑惑，只要持續掃除它們，就不會再有疑惑了！當我們擁有如此的正見時，無論在何處禪坐或經行，都會有平靜與自在。無論在何處禪修，那就是你要帶著正知去的地方。

不要認為只有禪坐或經行才能修定，隨時隨地都可以修行。隨時有覺知、正念，隨時都可看見心與身的生滅，不要讓它擾亂你的心。

讓煩惱各自回家
心始終是空的

不斷地放下，若愛生起，讓它回家去；若貪生起，讓它回家去；若瞋生起，也讓它回家。它們住在哪裡？找出來，然後護

定

送它們回去，不要保留任何東西。

　若你如此修行，就會像一座空屋，或換個方式說，這是一顆「空」的心，是顆「空」的且無一切邪惡的心。我們稱它為「空心」，不過它並非無一物的「空」，而是沒有邪惡，充滿智慧的「空」。此時，無論做什麼，你都是以智慧去做、去想、去吃，那裡將只會有智慧。

　這是今天我供養你們的教導，它被錄在錄音帶裡。若聞法讓你們的心平靜，那就夠了，你們無須記住什麼，有些人可能不相信這點。

　若我們讓心平靜下來，然後只管聆聽，讓它通過心，且持續地思惟，我們就會像是一台錄音機。當以後我們打開它時，一切都還在那裡。不用害怕會沒有東西，只要打開你的錄音機，一切都在那裡。

　我希望將這些教導供養給每位比丘和每個人，你們有些人或許只懂一點泰文，不過那並沒有關係，但願你們能學到「法的語言」，那就夠了！

【注釋】

①阿姜紹 (Ajahn Sao) 是阿姜曼的老師。

②泰文的 paibat（修行）與 wibat（災難）只有一字之差，這樣的文字遊戲在英文
翻譯與中文翻譯裡看不出來。

③邪見 (micchā diṭṭhi)：即錯誤的見解，其特相是錯誤地分析事物，如將無常、
苦、無我、不淨的身心五蘊，誤以為是常、樂、我、淨的。

④我慢：不善心所之一，其特相是使心高舉，有傲慢的作用，以自我標榜為現狀，
以貪為近因，猶如狂人。

【第五章】閱讀自然之心

我們修行的方式包括：仔細觀察事物，並弄清楚它們。我們堅持不懈，不匆忙慌張，也不太緩慢，而是逐步摸索，拼湊出事情的全貌來。最後，這一切會匯歸於一處，也就是讓我們的修行有個目標。

具正見的渴望
即非愚痴

對大多數人而言，剛開始修行時，動機不外乎是欲望，因為渴望而開始修行。在此階段，我們的渴望是種錯誤方式的渴望。換句話說，它是愚痴的，是種摻雜錯誤理解的渴望。

若渴望中沒有摻雜錯誤的理解，我們說那是有智慧的渴望，是不愚痴的——具有正見的渴望。如此的例子，我們說是因個人的波羅蜜①，或過去所累積的功德。不過，這不會發生在所有人的身上。

有些人不想有欲望，或想要無欲，因為他們認為修行是指向不渴望。但若沒有欲望，就無法修行。

我們可以親自去驗證。佛陀和弟子們為了斷除煩惱而修行，

定

我們必然渴望修行，並渴望斷除煩惱，擁有心的平靜，沒有迷妄。不過，若這渴望摻雜錯誤的理解，則它只會為我們製造更多的麻煩。若誠實地面對它，我們真的是一無所知；或所知的是毫無結果的，因為無法適當地使用它。

每個人，包括佛陀在內，都由欲望開始修行——渴望擁有心的平靜，以及渴望沒有迷妄與痛苦，這兩種欲望的價值完全相同。若不了解的話，則渴望沒有迷妄與不想要痛苦都是煩惱，它們是渴望的愚行——沒有智慧的欲望。

耽著欲樂或苦行
都是欲望

在修行中，我們將耽著欲樂與耽著苦行都視為欲望。我們的導師——佛陀，就在這矛盾或兩難中被困住了，他遵循許多修行法門，結果都跳脫不出這兩端。至今我們還是如此，仍為這兩端所苦，因而不斷偏離正道。

不過，我們必須這樣開始，從凡夫與煩惱之身開始，從沒有智慧的渴望和缺乏正見的欲望開始。若缺乏正見，則兩種欲望都和我們作對，無論是渴望或不渴望，那都是渴愛②。若不了解這兩者，則當它們生起時，我們將不知如何處理。我們將感

到進退維谷，而又無法停止。無論做什麼，我們都只會更渴望，這是因為缺乏智慧，以及還有渴愛的緣故。

就在渴望與不渴望裡，我們便能了解「法」。我們正在尋找的「法」就存在這裡，但我們並未看見，反而堅持努力去停止渴望。我們想要事物成為某種特定的而非其他的樣子，或想要事物不要成為某種特定的樣子，而成為另一種樣子。這兩者其實是相同的，都是兩種極端的一部分。

我們可能不了解，佛陀和所有弟子們都有這種渴望。不過，佛陀已了解渴望與不渴望都只是心的活動，瞬間出現後就消失。這些欲望隨時都在進行，若有智慧，就不會認同它們——不會執著。無論是渴望與不渴望，我們都只是如實觀察，將它們視為自然的心的活動，當仔細觀察時，便能清楚地了解，法爾如是。

修行如捕魚
得逐步練習收網

所以，在此的思惟練習，將帶領我們去了解。

舉例來說，有個漁夫在收漁網，網裡有條大魚。你們認為他在收網時的感覺如何？若擔心魚會逃脫，他會匆忙而慌亂地收

網，狂拉猛扯，而不知這條大魚在拉扯時早已逃脫——他太過於使勁了。

從前他們會這樣說，教我們應小心翼翼地慢慢把牠收進來，別讓牠逃脫。修行就應如此，逐步感覺對待它的方式，小心地收進來，別失去它。有時會發生一種情況，我們不想做它，或不想看、不想知道，但不會離開它，繼續感覺它，這才是修行。若想要做，就去做；若不想做，也一樣去做，我們只是持續地做它。

若我們熱衷於修行，信心的力量將會將能量注入所做的事情上。但在這階段，我們仍無智慧，雖然充滿精力，但無法從修行中得到許多利益。我們可能會持續做一段時間，而且會生起找不到路的感覺，可能覺得找不到平靜與安定，或尚未做好修行的準備，或覺得解脫道根本不可行。於是，我們便放棄了。

這時我們一定要非常小心，必須發揮更大的耐心與毅力。就如收網捕進大魚——我們得逐步地去感覺對待牠的方式，小心翼翼地、慢慢地將牠收進來。之間的搏鬥並不太困難，因此不間斷地繼續收網。一段時間之後，魚兒終於累得停止掙扎，我們就能輕鬆地捉住牠。通常它就是這樣發生的，我們得練習逐步地收網。

除非正確修行
否則智慧不會生起

我們依此方式進行思惟。若在教法的理論層面，沒有任何特殊的知識或學問，我們便根據日常經驗來思惟。使用已有的知識，從日常經驗衍生的知識，對心而言是自然的；事實上，無論是否研究它，我們原本就具有心的實相。心就是心，無論是否學習過它。

所以我們說，無論佛陀是否出世，法爾如是，一切事物都依自己的本質而存在。這自然的情況不會改變，也不會無端消失，它就是如此。這就是「真實法」(sacca dhamma)或實相，若我們不了解這真實法，就無法辨識它。

除非我們能止住心，達到平靜，否則心還是會和從前一樣。因此，導師說：「只要持續做它，持續修行。」我們可能會想：「若我不了解，如何做呢？」除非正確地修行，否則智慧不會生起。

因此，我們說：「只要持續修行。」若能不間斷地修行，就會開始去想自己在做什麼，而認真地思考修行。

定

沒有事情能一蹴可幾
必須持續努力

　　沒有事情能一蹴可幾,因此開始時,無法看到修行的成果。猶如鑽木取火的例子,有個人對自己說:「他們說這裡有火。」於是,開始使勁地摩擦。他非常性急,不停地摩擦,卻沒有耐心。他想要有火,但火就是不出現,他感到氣餒,便暫停下來休息。然後再開始,但進展很慢,於是他又停下來。那時熱量都消退了,因持續的時間不夠久。

　　他一再摩擦,直到筋疲力盡,便完全撒手。他不只是疲累而已,而且愈來愈灰心,最後只得完全放棄,「那裡沒有火。」事實上,他做得並沒錯,只是一直沒有足夠的熱量來生火。火一直都在那裡,只是他並未貫徹到底。

　　這種經驗令禪修者在修行中感到氣餒,因此不停地從一種修行轉換到另一種。對每個人來說都相同,為什麼?因為我們都立足於煩惱的基礎上。佛陀也有煩惱,但他有更多的智慧,當佛陀與阿羅漢身為凡夫時,就和我們一樣;當我們是凡夫時,就無法正確地思考。

　　當渴望生起時,我們沒看見;當不渴望生起時,也沒看見。有時我們感到激動,有時又感到滿足;當不渴望時,我們同時

有滿足與困惑；當渴望時，它可能又變成另外一種滿足與困惑。一切就這樣混雜在一起。

無須依文解義研究
只須思惟自己的身心

佛陀教導我們思惟身體。例如：頂上的頭髮、身上的毛髮、指甲、牙齒與皮膚——這都是身體。看一看，我們就往這裡觀察。若看不清楚身體這些事物的實相，就無法對其他人有任何了解。我們無法看清別人，也無法看清自己。

若確實了解與看清身體的本質，那麼對於別人的疑惑就會消除。因為每個人身與心的本質都相同，無須檢視世上的所有身體，就知道他們和我們都一樣。若具有這種了解，負擔就會減輕，否則所做的一切，都會演變成更沈重的負擔。

戒律也類似於此。當看戒律時，會覺得很困難，我們必須逐條持守、研究，逐條檢視自己的修行。我們可能會想：「哦，那是不可能的！」我們研讀所有戒條繁複的字面意義，若只是依文解義，便可能會遽下結論，而說若要完全持戒，那是超出我們能力之外的事，因為戒條實在太多了。

經典告訴我們，要以戒逐條檢視自己，並全部嚴格持守；我

們必須全部知道，並徹底遵守。這種說法就如同說，要了解別人就要徹底檢視每個人一樣。這是非常沈重的看法，之所以如此，是因為我們只是依文解義。若只是照本宣科，便只得照此方式去做。有些老師就是如此教導——嚴格遵守教本所說，但這是辦不到的。若知道如何守護自己的心，就等同於遵守一切戒律的規定。

事實上，這種依文解義的研究態度，對修行毫無助益，甚至對解脫道喪失信心，這是因為我們還不了解。若我們有智慧，就會了解這世上的所有人其實都等同於一個人，他們和這個人是相同的，因此只需要研究與思惟自己的身與心即可。若能洞見與了解自己身心的本質，就能了解所有人的身與心。如此一來，修行會變得比較輕鬆。

我們必須教導自己
無人可代勞

佛陀說，我們必須教導與指導自己——無人可以代勞。當我們研究與了解自己存在的本質時，就能了解一切存在的本質。每個人其實都一樣，都是同一個「品牌」，都來自同一家公司——只是膚色深淺不同而已！就如兩個品牌的止痛劑，都能止

痛，只是名稱不同而已，兩者其實並無差別。

　　當你逐漸熟悉後，就會發現這看事情的方式會變得愈來愈容易，而將之稱為「（逐步）感覺我們的方式」，我們就是如此開始修行的。我們變得擅長此道，堅持不懈，直到了解為止。當了解生起時，就能洞見實相。

　　我們如此持續修行，直到對它有感覺為止。經過一段時間後，靠著自己特殊的性向與能力，一種新的了解會生起，我們稱此為「擇法」。七覺支③就是這樣在心中生起，擇法是其中之一，其他六覺支是正念、精進、喜、輕安、定與捨。

　　若我們研究七覺支，就會知道書上的說法，但還未看到真實的覺支。真實的覺支是由心中生起的，因此，佛陀給我們各種不同的教導。所有的覺者都教導離苦之道，他們教法的記錄，我們稱之為理論的教導。這理論源自於修行，但如今卻只成了書本上的學問或文字。

正確修行
就可以見「法」

　　真實的覺支已消失，因我們不知它們就在我們裡面，不了解它們就在自己的心裡。若它們生起，是因修行而生起，且能帶

來深入「法」的洞見。這是指我們可以將它們的生起，當作修行正確的指標。若未正確地修行，它們就不會出現。

若正確地修行，就可以見「法」。因此，我們說要持續修行，逐步感覺自己的方式，且不停地探究。別以為離開了這裡，你還能在別處找到要找的東西。

我有個資深弟子，在來此之前，曾在一間研究寺院學習巴利文，但未學得很成功，因此心想修禪的比丘，只要坐著就能看見並了解所有東西，所以想來嘗試。他帶著「坐禪就能翻譯巴利語經典」的動機來到巴蓬寺，這是他的修行觀。於是我向他解釋我們的方法，他是完全地誤解了。他原以為，只是坐著並弄清楚一切事物是件簡單的事。

從修行得到的了解
能帶來捨離

談到有關「法」的了解時，學問僧和修行僧使用的是相同的字眼，但真正從研究理論中得到的了解，和從修行中所得到的，大不相同。兩者看起來好像一樣，但其中一個要更深奧與深刻。

從修行中得到的了解能帶來捨離與斷除，直到完全捨離為止

定

——我們在思惟中所堅持的。若貪欲或瞋怒在心中生起,我們不會漠不關心,或丟下它們不管,而是正視它們,觀察它們如何生起與從何而來。接著思惟,看看它們如何與我們對立。我們清楚地看見它們,並了解自己是藉由相信與追逐它們,因而陷入困境。這種了解,除了在自己的清淨心之中,無法從其他地方獲得。

就因為如此,研究理論者和修禪者才會相互誤解。通常那些強調研究者會說:「禪修的比丘只是跟隨自己的想法,缺少經教的基礎。」事實上,在某種意義上來說,研究和修行這兩種方式,完全是同一件事。它們就如手心和手背,若伸出手,手背看起來好像不見了,但它只是隱藏在下面而已。當把手翻過來時,同樣的情形也發生在手心上,它哪裡也沒去,只是隱藏在下面而已。

以自然之心 為研究對象

當我們想到修行時,應牢記這點。若自認為修行不見了,便會決定離開它去研究,希望有好的結果。但無論你研究多少「法」,永遠都無法了解,因為你並非如實覺知。若確實了解

「法」的真實本質，就應能放下。此即捨離——去除貪愛，不再執著。若仍有執著，它也會變得愈來愈少。

當談到研究時，可以如此了解它：我們的眼睛是個研究的主題，耳朵是另一個研究的主題——每樣東西都是研究的主題。我們可能知道色是像這樣或像那樣，之後卻變得貪愛色，且不知如何出離；我們能辨別聲音，之後便貪著它們。色、聲、香、味、觸、法猶如陷阱，會讓眾生陷入其中。

觀察這些事物，是我們修行佛法的方式。當某個感覺生起時，我們便以自己的了解去認識它。若熟悉理論，便立即轉向它，看一件事情如何像這樣發生，然後再變成那樣等等。若我們並未如此學習過理論，便觀察心的自然狀態，這就是我們的「法」。

若我們有智慧，就能檢視這自然之心，並且以它作為研究的對象。那是同一回事，我們的自然之心即是理論。佛陀說，提起任何生起的思想與感覺，並觀察它們。使用自然之心的實相作為理論，我們依靠這個實相。

若你有信心，則無論是否研究理論都沒有關係。若信仰之心帶領我們增長修行，不斷地增長精進與忍辱，則是否有研究都無關緊要。我們以正念作為修行的基礎，對於身體行、住、

坐、臥的所有姿勢，都保持正念。若有正念，就會有正知伴隨生起，兩者將會一起生起，不過，它們生起的速度很快，以致可能無法區別它們。但只要有正念，就會有正知。

生起的只是一種感覺　它沒有自我

當心穩固與安定時，正念將快速與輕易地生起，這也是智慧之所在。不過，有時智慧會不足，或未在正確的時間生起，那時或許有正念、正知，但單靠它們還不足以解決問題。通常，若正念與正知是心的基礎，就會有智慧在場協助。

不過，我們必須不斷透過觀禪的修行來增長智慧。這是指無論心中生起什麼，都能成為正念與正知的所緣，但必須根據無常、苦與無我去看。

「無常」是基礎，「苦」是指不滿足的性質，「無我」則是說一切的所緣並非獨立的實體。我們了解所生起的只是一種感覺，它沒有自我，也不是個實體，它會自行消失，如此而已！有些愚痴或無智慧的人，會錯過這個機會，而無法從中獲得任何利益。

若智慧存在，則正念與正知都將與它同在。不過，在這個最

定

初階段，智慧可能不是非常清楚，因此，正念與正知無法捕捉到每個所緣，但是智慧會前來幫忙。它能看見有什麼正念的特質，以及生起了何種感覺。或以最廣義的角度來看，無論有什麼正念或感覺，那都是「法」。

佛陀以觀禪的修行為基礎，他看見正念與正知兩者都是不確定與不穩定的。任何不穩定而我們卻想讓它穩定的事，都會造成痛苦。我們想要事情符合欲望，但因為事與願違，所以會痛苦。這是染污心的影響，是缺乏智慧之心的影響。

身、心只是如實呈現自己的樣子

修行時，我們很容易落入希望它簡單，與希望它如己所願的陷阱中。我們無須多深入，就能了解這種態度。只要看這個身體，它真的曾如我們所願嗎？前一刻希望它變成一個樣子，後一刻又希望它變成另一個樣子，我們真的曾有過喜歡的樣子嗎？我們身與心的本質完全相同，它只是如實地呈現它自己的樣子。

在修行中，這個要點很容易被遺忘。通常，我們只要感覺到不合意的事，就避之唯恐不及；凡是討厭的事，就甩掉它。我

們不曾停下來想過，喜歡與討厭事物的方式是否正確，只是認為不合意的事一定是錯的，而合意的事則一定是對的。

這正是渴愛的根源。當我們接收到眼、耳、鼻、舌、身、意傳來的刺激時，一種喜歡或討厭的感覺就會生起，這顯示出心是充滿執著的。

因此，佛陀教導無常，他給我們一個思惟事物的方式，若執著某些不是恆常的事物，就會感受到痛苦。

這些事物沒有理由應符合我們的好惡，要讓事物都變成自己所想的那樣，這是不可能的，我們沒有那種權力或力量。無論我們想要事情變成怎樣，每件事都有它自己的樣子。像這樣的欲求，並非離苦之道。

在此可以看見，染污心了解的是一個方式，清淨心了解的則是另一個方式。

例如，當具有智慧之心接收到某些感覺時，不會將它看成是可以執著或認同的對象，這就是智慧之道。若缺乏智慧，我們就只能跟隨著愚痴，愚痴就是不了解無常、苦與無我。對於喜歡的東西，就認為是好的、是對的；對於不喜歡的東西，則認為是不好的。如此，我們不可能達到「法」——智慧不可能生起。

定

以觀禪觀察各種法塵
以止禪安定心

　　佛陀將觀禪的修行安置在他的心中，用它來觀察各種法塵。無論心中生起什麼，都如此觀察：雖然我們喜歡它，但它是不確定的（無常）；且是不滿足的（苦），這些經常生滅的事物不受心的擺佈，它們不是獨立存在的實體或自我（無我），並不屬於我們。佛陀教導我們，要如實觀察它們，這是我們在修行中應該採取的原則。

　　然後，我們會了解，我們不能隨心所欲，好心情與壞心情都會隨時出現。它們有些是有益的，有些卻不然。若無法正確地了解這些事，就無法正確地判斷，而會追逐渴愛——無盡地追逐欲望。

　　我們有時快樂，有時悲傷，這都是自然的。我們有時高興，有時失望，對於喜歡的事，便認為是好的；對於討厭的事，則認為是壞的，因而離佛法愈來愈遠。當這種情況發生時，我們無法了解或認識「法」，因而感到困惑。貪欲不斷增長，因為我們的心除了愚痴之外，什麼也沒有。

　　這就是我們所謂的心，我們無須到遙遠的地方去尋求了解，只要看見這些心的狀態是無常的、苦、無我的即可。若持續如

此增長修行，我們就可以稱它為修觀，這是認知心的內涵，我們就依此方式增長智慧。

我們的修止就像這樣，例如在呼吸的進出上保持正念，做為安定心的基礎或方法。藉由跟隨呼吸的流動，心逐漸穩固、安定與靜止，這種安定心的修行方式，即稱為「止禪」。我們需要多做這種修行，因為心充滿許多紛擾，它很混亂，很難說它這樣已多少年或多少世了。若我們靜坐思惟，就會看見心的許多因素並非趨向平靜與安定，反而是會帶來混亂的。

尋找適合自己的 禪修主題

佛陀教導我們，必須找個適合自己特殊根性的禪修主題——一個適合自己性行④的修行方式。例如，反覆觀察身體各部分——頂上的頭髮、身上的毛髮、指甲、牙齒與皮膚——能使我們很安定。

透過這個修行，心可以變得非常平靜。若思惟這五種事物能帶來定，那是因為它們是適合我們個性的思惟所緣。若找到這種適合的方式，就可考慮以它來修行，並利用它來對治自己的煩惱。

定

　　另一個例子是念死⑤。對於那些還有強烈貪、瞋、痴，並發現它們難以控制的人來說，以自己的死亡作為禪修的主題，是很有用的。我們可以看到，無論貧、富或善、惡，每個人都不免一死。

　　在修習念死的過程中，我們發現一種厭離的看法會生起，修得愈多，就能得到愈多的定。因為它是適合我們的修法，若這修止的方法與我們的根性不合，就無法產生厭離的看法。唯有這所緣真的適合自己，我們才能發現它會很輕易地經常在心中生起，並發現自己時常會想到它。

　　我們可以在日常生活中看見一個實例：當在家人帶來許多盤不同的食物供養比丘時，我們遍嘗每一樣，看看喜歡哪一種。當一一嘗過後，就知道哪一種最適合我們。這只是個例子，我們會吃適合自己口味的食物，而不再理會其他幾盤。

入出息念
適合所有人

　　入出息念是適合所有人的例子。我們試過各種不同的修法，感覺都不是很好，但當坐下來觀察呼吸時，便感覺很好，我們可以清楚地看見它。我們無須捨近求遠，可以使用就近的事

定

物。只要觀察呼吸，它出去又進來，出又進——就這樣看著它。持續一段時間觀察呼吸的進出後，心會慢慢地安定下來，其他活動仍會生起，但感覺上似乎離我們很遠，就如彼此分隔兩地，不再感到親近；我們不再有同樣緊密的聯繫，也或許完全沒有聯繫。

當我們對入出息念的修法有感覺時，它就會變得比較容易。若持續這個修行，就能累積經驗，並變得善於覺知呼吸的本質。我們會知道氣息長時是怎樣，氣息短時又是怎樣。

從另一個角度看它，呼吸就如食物。我們不難了解，我們全都是靠食物的幫助才能存活。若十分鐘、一個小時，甚至一天不吃一般的食物，都沒有關係，因此這是種粗食。但在很短的時間內若不呼吸，就會死亡。無論坐著、走路、睡覺或清醒，都要呼吸，若五或十分鐘不呼吸，就會死。

正在修入出息念的人，應有這種了解，來自這修法的感覺，真的很美好。若不思惟，則不會將呼吸視為食物，但事實上，我們一直都在「吃」空氣——進、出、進、出……一直如此。

你也會發現，愈如此思惟，從修行中得到的利益就愈大，呼吸也會變得更微細，甚至可能發生呼吸停止的情況，看起來就如完全沒有呼吸一樣。

實際上，呼吸是透過皮膚的毛孔進出，這稱為「微息」。當心完全靜止時，正常的呼吸就有可能以這種方式停止，我們完全無須驚慌或害怕。若無呼吸，應該怎麼辦？只要覺知它。覺知沒有呼吸，這樣就可以了，這才是正確的修行。

平靜
來自心一境性

在此說的是修止的方式，是增長定的修法。此修法已足以帶領我們走完全程，或至少到達能清楚看見道路與生起淨信的地步。若我們持續以此方法思惟，就可以充滿能量。這就如缸裡的水，將水倒入，並保持滿水位，持續將水注入缸裡，如此住在水裡的昆蟲就不會死。每天精進地修行就像這樣，一切都回到修行上，我們會感到美好且平靜。

這平靜是來自我們的心一境性。不過，這心一境性也可能會很麻煩，因為我們會不希望其他心境來干擾。事實上，那些心境確實會出現，若我們思惟它們，它們也可能成為心一境性。這就如我們看到各類的男女，對他們的感覺和對自己的父母會不相同。事實上，所有男人和我們的父親一樣都是男性，而所有女人和母親一樣都是女性，但我們對他們的感覺卻不相同。

我們覺得自己的父母更重要，他們對我們的意義非凡。

心一境性的情況也是如此，我們應以對父母同樣的態度去對待它，其他生起的活動，都將它們看成是一般各類的男女。我們不會停止看它們，只是認知它們的出現，而不會賦予它們和雙親相同的價值。

各種感覺都無法持久
不應執著

當修止達到定時，心將變得清晰與光明，心理活動將會減少，只有很少的法塵會生起。當這種情況發生時，深沈的平靜與快樂可能會生起。但我們可能會貪著那快樂，因此，應該思惟那快樂是不確定的，而不快樂則是無常的。我們會了解，各種感覺都無法持久，不應執著。若具有智慧，就會如此看事物，會依它們的本質了解其實相。

就如拿起一條打結的繩子，若用力的方向正確，結會鬆脫並逐漸解開，而不會再那麼緊繃。這就如了解事物是無常的，以前我們覺得事物一直會是它們那樣，如此做時，就把結愈推愈緊。這種緊，便是痛苦。

像這樣的生活非常緊張，所以要把結稍微鬆開，緩和一下。

我們為何要鬆開它？因為它太緊了！若不執著它，就能鬆開它；緊張並非一種恆常的狀態。

我們將無常的教法當作基礎，看樂與苦都是無常的、不可靠的，絕對沒有任何事物是恆常的。秉持這種了解，我們逐漸不再相信自己的各種情緒與感覺，邪見愈來愈少，對情緒與感覺的信賴也會隨之減少，這就是解結的意思。它持續鬆脫，貪著也將逐漸被拔除。

情緒無法
帶來真正的快樂

當我們在自己、身與心，以及在這世間上，看見無常、苦與無我時，將發現內心會生起一種厭倦。這不是日常生活上那種讓人感到什麼都不想知道、看見或談論，或完全不想與任何人有關聯的厭倦。那不是真的厭倦，它還有貪著，我們仍未明瞭，心中還有嫉妒與厭惡的感覺，且執著於會造成痛苦的事物。

佛陀所說的厭倦或厭世，是沒有喜好或厭惡的，是由了解諸行無常而生起的。當愉快感在心中生起時，我們了解它是不持久的。我們稱這種厭倦為「厭離」，它是渴愛與貪著的反義

詞。在我們看來，沒有任何事物值得貪愛，無論它們是否合乎我們的好惡都沒有關係，我們不會認同它們，或賦予它們任何特殊的評價。

如此修行，就不會讓事物有理由來為難我們。我們已了解情緒無法帶來真正的快樂：執著快樂與不快樂，以及喜歡與憎惡，只會造成痛苦。若我們仍如此執著，就無法以冷靜的態度對待事物，這種染著會造成痛苦。誠如佛陀的教導，凡是會造成痛苦的事物，它本身都是苦的。

一切事物都是「法」
它無所不在

因此我們了解，佛陀教導我們要知道四件事：苦、苦的因、苦的止息與滅苦之道，他教導我們只要知道這四件事。當了解它們時，一旦苦生起，我們就能認出它來，並知道它有個因，知道它不會無端出現，要想解脫這個苦，就得先消滅它的因。

我們為何會有痛苦與不滿足感呢？我們將會了解那是因執著各種好惡所致，並知道是因自己所造的業而受苦，是因妄自賦予事物價值，才會痛苦。

因此，我們說：「覺知苦，覺知苦的因，覺知苦的止息，以

及覺知滅苦之道。」當知道苦時，就能解結。但必須先確定是朝正確的方向用力，換句話說，必須覺知事情的實相。執著將會被根除，這便是止息痛苦的修行。

覺知苦，覺知苦的因，覺知苦的止息，以及覺知滅苦之道。所謂的滅苦之道是：正見、正思惟、正語、正業、正命、正精進、正念與正定。當我們對於這些有正確的了解時，便會有正道。這些事將能止息痛苦，為我們帶來戒、定與慧。

我們必須清楚地了解這四件事，必須想要了解，想要看見這些事的實相。當看見這四件事時，我們稱此為「真實法」。無論我們向內、向前、向左或向右看，所見全是真實法，只是如實地看見每件事物。對於那些已悟入法的人來說，無論去到哪裡，一切事物都是「法」，它無所不在。

【注釋】

①波羅蜜 (pārami)：意譯為「到彼岸」，通常指菩薩之修行而言，由過去世乃至今生所累積的善業、功德等，能成就解脫的資糧。《清淨道論·說梵住品》列舉十波羅蜜為：施、戒、出離、慧、精進、忍辱、諦、決意、慈、捨。

②渴愛 (taṇhā)：受制於無明的欲望。

③七覺支是指七種覺悟的因素，或是指領會四聖諦的特定知識，也是聖者所具有的特質。這七種因素是念、擇法、精進、喜、輕安、定與捨。當這些覺支充分發展時，便能引領行者到達涅槃。

④性行是指通過個人的自然態度與行為所顯露的性格，由於過去所造業的不同，人的性格也因此不同。阿毘達磨諸論師將性行分成六種：貪行者、瞋行者、痴行者、信行者、覺行者、尋行者。如貪行者適合修持十不淨與身隨念等十一種業處。

⑤念死 (maraṇa-sati)：十隨念的修法之一，也是修止的一種方法。修此法者當生起「死將來臨」、「命根將斷」或「死、死」的如理作意，如此思惟，就能鎮伏五蓋，得到近行定。勤修念死者能常不放逸，捨棄對命的愛著。

定

【第六章】解脫之鑰

研究身心現象
是為解脫痛苦

　　修學佛陀教導的「法」，目的是為尋找離苦得樂之道。無論我們研究身或心理現象——心或心所①，只有當達到解脫痛苦的終極目標時，才算是走對路，才是圓滿的。痛苦，自有它存在的因緣。

　　請清楚地了解，心靜止不動時，是處於清淨自然的狀態。心一旦開始活躍，便成為「行」②。心被某物吸引時，它就變成「行」；當厭惡生起時，它也變成「行」；跑來跑去的欲望，也是來自「行」。若我們的覺知未適時地跟上這些心理變化，心就會追逐它們，由於它們而成為「行」。每當心活躍的那一刻，它就變成世俗諦。

　　因此，佛陀教導我們，思惟心的這些變化。每當心活躍時，它就變成是無常、苦與無我的，這是一切行法的三個普遍特徵。佛陀教導我們，觀察與思惟心的這些活動。

　　這就和緣起③的教導一樣：「無明」是「行」生起的因緣，

定

「行」是「識」生起的因緣，「識」是「名色」生起的因緣等，就如我們在經典裡所學的。佛陀將每個環節都區分開來，以方便學習。這是對實相的正確敘述，但當這過程真的在現實生活中發生時，學者卻無法跟上它們的腳步。就如從樹頂摔到地上一樣，我們對於在過程中究竟折斷多少樹枝毫無概念。

同樣地，當心突然受到法塵的衝擊時，若心喜歡它，就會立刻變成好心情，心並未覺知過程中的因緣變化，就認為它是好的。實際發生的過程與理論的架構一致，但同時又超越理論的界限。

一切苦、痛、憂、惱 來自何處？

沒有東西會宣稱：「這是無明，這是行，這是識。」這過程不會讓學者有機會讀出它正在發生的名目，雖然佛陀詳釋了每個剎那的順序，對我而言，它比較像是從樹上掉下來。當我們摔下來時，根本沒機會去衡量已掉落幾呎幾吋。我們只知道，自己已砰然墜地，並且很痛！

心也是如此，當它為了某事而墜落時，我們覺知到的只有痛苦。這一切苦、痛、憂、惱來自何處？它並非來自書本裡的理

定

論，我們痛苦的細節並未記載在任何一本書裡，它也不會完全符合理論，但兩者是沿著同一條路線進行。

單靠學問無法與真實同步，因此，佛陀教導我們，要為自己培養清晰的覺知。無論生起什麼，都是在這覺知中生起。覺知時，是如實地覺知，心與心所都不被視為是我們的。最後，這些現象都會被棄之如敝屣，我們不應執著，或妄自賦予它們任何意義。

心只是心
「法」只是「法」

佛陀並未教導會讓我們產生執著的心與心所的概念，他唯一的動機，是讓我們將它們視為無常、苦與無我，然後放下，棄置一旁。當它們生起時，保持正念與正知。心已受到條件的制約，已被訓練與制約成偏離清淨覺知的狀態，當它轉動時，又創造出會進一步影響心的有為法，然後像滾雪球一樣愈滾愈大，這過程生出善、惡與世上其他一切事物。

佛陀教導我們，要完全放下。不過一開始，你必須先熟悉理論，以便能在往後的階段完全放下。這是個自然的過程，心和心所就是如此。

定

　例如八正道，當智慧正確地洞見事物時，這正見就會帶來正思惟、正語、正業等，這都包括從那個清淨覺知生起的心所在內。這覺知就如燈籠，在暗夜中投射光線在前方的道路上。若覺知正確，符合實相，它就會遍佈與照亮解脫道上的每一步。

　無論我們經驗到什麼，它都是從覺知中生起。若心不存在，覺知也不會存在，這一切都是心的現象。就如佛陀所說，心就只是心，而非「眾生」、「人」、「自我」或「你自己」，它既非「我們」，也非「他們」。

　「法」就只是「法」，這自然的過程不是一個自我，不屬於我們或其他任何人，它什麼也不是。任何人只要經驗到它，都會落入色、受、想、行、識等五蘊之中。佛陀說，放下這一切。

平靜
並非解脫道的終點

　禪修就如木棍，「觀」是木棍的一端，「止」則是另一端。若撿起它，是只有撿起一端，或兩端都會撿起來呢？當有人撿起木棍時，兩端都會同時撿起。那麼哪一端是「觀」，哪一端是「止」呢？在哪裡其中一個結束，而另一個開始呢？它們都

定

是心。當心靜下來時，平靜是從「止」開始生起，我們將心集中與統一在定的狀態。

不過，若定的平靜與寂靜消失，痛苦就會取而代之。為何會如此？因為由修止提供的平靜，仍建立在執著上，這執著屆時會成為痛苦的因，平靜並非解脫道的終點。

佛陀根據自己的經驗了解到，這種心的平靜並不究竟。「有」④過程底下的因還未消除，輪迴的因緣仍然存在。他的修行還不圓滿，為什麼？因為還有苦。因此，在「止」的基礎上，他開始思惟、觀察與分析緣起實相的本質，直到執著，甚至對定的執著消失為止。

「止」仍只是世間法與世俗諦的一部分，執著這種平靜就是執著世俗諦，只要還有執著，就會陷入「有」與再生之中。喜好「止」的平靜，仍會帶來進一步的「有」與再生。一旦心的不安與激動安定下來，人們就會執著結果的平靜。

我們不斷地在
天堂與地獄之間來回

因此，佛陀才要審視「有」與再生底下的因與緣。只要他未徹底深入那件事並了解實相，就以平靜的心持續往更深處探

定

索，省察為何一切事物無論平靜與否，都會成為「有」。他持續穩定地觀察，直到了解每件事的存在，就如一團熾熱的鐵。

當一團鐵被燒得火紅時，你有可能碰觸它而不被燙到嗎？它有任何部位是冷的嗎？試著摸它的頂部、側邊或底部，能找到任何一點是冷的嗎？不可能，這塊灼熱的鐵是通體火紅的。

我們連「止」也不能執著，若認同那個平靜，認為有人是安定與靜止的，便會強化獨立的自我或靈魂的感覺。這自我的感覺，是世俗諦的一部分，心想：「我平靜」、「我激動」、「我很好」、「我不好」、「我快樂」或「我不快樂」，只會讓我們被困在更多的「有」與再生中，那更痛苦。當快樂消失時，不快樂就會取而代之；當憂傷消失時，快樂又會再回來。被困在這個無盡的輪迴中，我們不斷地在天堂與地獄之間來回。

心沒有實體
它什麼也不是

在覺悟之前，佛陀認出他自己心裡的這個狀態。他知道只要「有」與再生的因緣未消除，他的工作就未結束。專注於生命的緣起，他如法地思惟：「因為這個而有生，因為生而有死，以及這一切來去的活動。」因此，佛陀思惟這些主題，以了解

定

關於五蘊的實相。每件身與心的事物，每件被構思與想像出來的事物，無一例外都是「行」。

他一旦覺悟這點，便教導我們放下它；他一旦覺悟這點，便教導我們徹底捨棄它。他鼓勵其他人也能如實地了解；若不了解，就會痛苦，放不下這些事物。不過，一旦我們看見事物的實相，就會知道它們如何欺騙我們。就如佛陀所說：「心沒有實體，它什麼也不是。」

心生來就不屬於任何人，它死時也不屬於任何人。心是自由、光明顯耀，與不夾雜任何問題或爭議的。問題之所以會產生，是因心受到有為法與自我的錯誤概念所蒙蔽。

因此，佛陀教導要觀察心，開始時有什麼？根本一無所有。它不隨有為法生起或消失，遇到好事時不因而變好，遇到壞事時也不因而變壞。當它洞見事物本質時就是如此，對無自性的了解確實存在。

佛陀透過智慧，洞見一切事物都是無常、苦與無我的，他希望我們也能以相同的方式完全領悟。「覺知者」能如實覺知，當覺知快樂或哀傷時，都不為所動。快樂的情感是種「生」的形式，而悲傷的傾向則是種「死」的形式，有死即有生，有生必有死，生與死都不脫這輪迴的範疇。一旦禪修者的心能領悟

到這點，對於是否還有後續的「有」與再生，便不再有任何疑惑，無須再問任何人。

「覺知者」只是
客觀觀察生死的過程

佛陀遍知一切有為法，因此能完全放下，放下五蘊，「覺知者」只是客觀地觀察整個過程。若經驗到正面的事，不會跟著它一起變成正面，只是觀察並保持覺知；若經驗到負面的事，也不會隨之變成負面。為何會如此？因為他的心已切斷這些因緣而獲得自由。他已洞見實相，導致他再次轉生的因緣已不復存在。

這是確定與可信賴的覺知，是真正平靜的心，沒有生、老、病、死。這既非因也非果，亦不依賴因果，它獨立於因果、緣起的過程之外。

於是，因消失了，不再殘留「有」的條件。這個心超越生與死、快樂與悲傷、善與惡之上。你能說什麼？它難以用言語形容。所有支持的因緣都已消失，任何嘗試對它的描述都只會帶來執著，話語都成了心的理論。

心的理論性描述與它的運作都是準確的，但佛陀了解這種知

定

識相對而言是無用的。你理智上了解一些東西，然後相信它，但那並無真實的利益，無法帶來心的平靜。佛陀的覺知能帶來放下，它將導致捨棄與出離，因為正是心讓我們涉入對或錯的事。若我們是聰明的，就涉入對的事；若是愚笨的，就涉入錯的事。這樣的心是世間，世尊以這世間的事物來檢視這世間，在覺悟世間的實相之後，他便被稱為「世間解」⑤。

研讀心所
對斷除貪、瞋、痴無益

因此，回到「止」與「觀」的議題上，重點是長養我們自心的這些狀態。只有當我們親自去培養它們時，才會知道它們的實相。我們可以去研讀所有書上關於心所的說法，但那種智力上的了解，對於實際切斷自私的貪、瞋、痴，是毫無用處的。

我們只是研究關於貪、瞋、痴的理論，描述這些煩惱的各種特徵：「貪的意思是這樣，瞋是指這個，痴則是如此定義。」我們只是知道它們的理論特質，只能在那個層次上談論。我們知道，且自以為是聰明的，但當這些煩惱實際呈現在心中時，它們是否符合理論呢？

例如，當經歷討厭的事時，我們是否會反應它並陷入壞心

定

情？我們執著嗎？能放下嗎？若厭惡生起，而我們認出它，還會執著它嗎？或一旦我們看見它，就能放下它嗎？若看見某些不喜歡的事物，然後發現厭惡感一直留在心裡，我們最好回去重新學習。因為它還是不對，修行仍不圓滿；當它達到圓滿時，就能放下，請如此觀察它。

若希望領受這修行的果實，就必須實際深入觀察自己的心。嘗試以許多個心的剎那⑥與其不同的特徵，來描述心的心理學，在我看來，是修行還不夠深入，仍有許多事需要做。若我們想要研究這些事，就要以洞見來徹底覺知它們；若無洞見，如何能了結它們？那將會沒完沒了，永遠無法完成研究。

停止愛與恨
就能超越痛苦

因此，「修習」法非常重要，當我修行時，就是如此研究的。我不懂什麼剎那或心所，只是觀察覺知的特質。若仇恨的想法生起，我問自己為什麼；若喜愛的想法生起，我也問自己為什麼，就是如此做。無論是稱為想法或心所，那又如何？

只要洞察這一點，直到你能消除愛與恨的感覺，以及它們完全從心裡消失為止。當我在任何環境下都能停止愛與恨時，就

能超越痛苦。接下來發生什麼事都無妨，心都能放鬆與自在。什麼都沒留下，一切都停止了。

要如此修行。若人們想談很多理論，那是他們的事。但無論如何爭辯，修行總會回到我所說的這點來。當某事生起時，它就在這裡生起；無論是多或少，它就從這裡出生；當它停止時，就在這裡停止，還會有其他地方嗎？佛陀稱這點為「覺知者」。當它如實覺知事物的狀態時，我們就能了解心的意義。

它們不斷地欺騙，當你研究它們時，它們同時也在欺騙你。我們還能如何處置它們？即使你知道它們，仍會被它們所騙，就在你知道它們的地方。情況就是如此，癥結就在這裡。我的意見是，佛陀並不希望我們只知道這些事物的名稱，佛陀教學的目標，是讓我們透過尋找潛在的原因，找到從這些事情解脫的方法。

戒、定、慧
融合為一體

我修習法，但所知不多，只知道解脫道是由戒開始。戒是解脫道完美的開端，定的深沈平靜是完美的中段，慧則是完美的結尾。雖然它們可區分為三個獨特的訓練層面，但愈深入看它

定

們時，這三個特質就愈會融合為一，若想持戒，必須有智慧。

我們通常建議人們，從持守五戒開始，開發道德標準，如此戒才會穩固。不過，戒的圓滿需要很多智慧，必須考量自己的言語與行為，並分析它們的後果，這都是智慧的工作。為了培養戒，必須依賴智慧。

根據理論，首先出現的是戒，接著是定，然後是慧。但當我檢視它時，我發現智慧是每個修行層面的基礎。為了充分了解言行的後果——尤其是有害的後果——你需要智慧的指導與監督，以詳細檢查因果的運作，這將會淨化我們的言行。

一旦我們熟悉道德與不道德的行為，就會了解修行的位置，接著才能斷惡修善。斷除惡法，增長善法，這就是戒。當如此做時，心會變得愈來愈穩固與安定，安定與不動的心對於我們的言行，是沒有恐懼、後悔與疑惑的，這就是定。

這個穩定、統一的心，形成我們後續修行更強力的能量來源，讓我們得以對經驗到的色、聲、香等，進行一種深刻的思惟。一旦心安住在穩固的正念與平靜上，我們就能進一步地探究五蘊——色、受、想、行、識，以及六塵——色、聲、香、味、觸、法的實相。它們不斷地生起，我們則持續保持正念，加以觀察。

定

　　然後，便會知道它們的真相，它們是根據自然法則而存在。當這了解穩定地增長時，智慧就會生起。一旦清楚了解事物的實相，我們舊的認知就會被根除，概念性的知識會轉化成智慧。戒、定、慧就是如此融合為一體。

　　當智慧的力量與勇氣增加時，定就會逐漸變得更穩固。定愈穩固，戒也會更加堅固與完備。當戒圓滿時，它會滋養定，而定的增強也會導致慧的成熟，這三個訓練層面，環環相扣並輾轉相生，它們結合在一起，遂形成八正道——成佛之道。

　　一旦戒、定、慧臻於頂點，「道」就有力量根除那些會染污清淨心的煩惱⑦。當貪欲生起時，或當瞋恚與愚痴出現時，「道」是唯一有能力可斬斷它們軌跡的東西。

正道產生的條件是戒、定、慧

　　修法的架構是四聖諦：苦、集（苦的起因）、滅（苦的止息）、道（滅苦之道）。這條道路是由戒、定、慧的修心架構所組成，它們真正的意義不在字面上，而在你的內心深處。

　　戒、定、慧就是如此，它們持續地輾轉前進，八正道將會涵蓋任何生起的色、聲、香、味、觸、法。不過，若八正道的各

定

支孱弱、怯懦，煩惱就會佔據你的心。

若正道夠強壯、勇敢，它就能征服並消滅煩惱；若煩惱的力量勇猛，而正道的力量微弱，煩惱就會戰勝正道，而征服心。若覺知的速度不夠迅速敏銳，不如經驗到的色、受、想、行，它們就會佔有並壓倒我們。正道與煩惱相互傾軋，當「法」的修習在心中發展時，這兩股力量在道上的每一步都會相互較勁。猶如有兩個人在內心爭吵，那是正道與煩惱在爭奪心的統治權。

正道指導並促進我們思惟的能力，一旦我們能正確地思惟，煩惱就會退卻。但若我們搖擺不定，每次煩惱重整與得勢時，它就會取代正道。這兩邊會持續鬥爭，直到最後一方獲勝，大勢底定為止。

若我們致力於發展正道，煩惱就會逐漸地、持續地消除。四聖諦一旦充分開發，就會安住在我們的心裡。無論痛苦的形式為何，它總是有個存在的原因，此即第二聖諦。這原因是什麼？那就是虛弱的戒、虛弱的定與虛弱的慧。當正道無法持久時，煩惱就會統治心。當它們統治時，第二聖諦就開始大展身手，並造成各種痛苦，那些能平息痛苦的特質都消失了。

正道產生的條件是戒、定、慧，當它們的力量達到完全時，

正道就銳不可當，將能冷靜地戰勝帶來苦惱的貪愛與執著。煩惱被正道打敗，所以痛苦無法生起，苦於是止息。

為何正道能帶來苦的止息？因為戒、定、慧達到圓滿的巔峰，正道擁有銳不可擋的動力，一切都匯集在這裡。我認為任何如此修行的人，都和心的理論性概念無關。若心跳脫這些概念，就是完全可靠與確定的。此時，無論我們走哪一條路，都無須太過費心，就能筆直地前進。

戒、定、慧 構成解脫道

想想芒果樹的葉子，它們像什麼？只需要檢視一片葉子便能知道。雖然有成千上萬的樹葉，但我們知道它們都一樣，只要看其中一片，其他的基本上都是相同的。樹幹也是如此，只需要看一棵芒果樹的樹幹，就可以知道它們全體的特徵。只要看一棵樹，其他的芒果樹基本上都沒有差別。即使它們有千萬棵，若知道其中一棵，我便知道全部。這是佛陀的教導。

戒、定、慧，構成佛陀的解脫道。但「道」並非「法」的本質，「道」既非它本身的終點，也不是世尊究竟的目標，但它是內在的指南。

定

例如，你如何從曼谷旅行到巴蓬寺來，你追求的不是道路，而是抵達寺院，但旅途中需要道路。你所行走的道路不是寺院，它只是到這裡的方法而已。但若你想抵達寺院，就必須沿著路走。戒、定、慧也是如此，我們可說它們不是「法」的本質，而是到達那裡的道路。

當戒、定、慧圓熟時，就會得到心的深刻平靜，那才是目的。一旦達到這個平靜，即使聽到噪音，心還是如如不動，當達到這平靜，就無須做什麼了。佛陀教導我們，要徹底放下，無論發生什麼事，都不用擔心。之後，我們真正地、毫無疑問地自知自證，不再只是相信別人所說。

佛教的基本原則是諸法皆空，它不依賴神通力、超自然力，或任何其他神祕、奇異的現象，佛陀不強調它們的重要性。不過，這種力量確實存在，並可能被開發，但這「法」的面向是虛妄的，因此佛陀不提倡或鼓吹它，而只稱讚能從痛苦中解脫的人。

為了達到這點，需要訓練，而完成工作所需的工具與裝備是：布施、持戒、禪定與智慧。我們必須實踐它們，並加以訓練，它們共同形成一條向內的解脫道，而智慧是第一步。若心被煩惱污染，「道」就無法成熟，但我們若能堅持並夠強壯，

定

「道」就會根除這些染污。不過，若煩惱佔上風，就會壓過「道」。修行佛法就只是這兩種力量不斷地抗衡，直到抵達道路的終點為止。它們不斷地戰鬥，直到最後。

一旦希望進入第幾禪
心立即遠離禪修

使用修行工具，必須承擔困苦與艱鉅的挑戰，我們得依賴耐心、毅力與堅忍，必須親自去做、去體驗、去了解它。不過，學者們卻很容易感到困惑。

例如，當坐禪時，只要心感受到一點平靜，就會開始想：「嗯！這一定是初禪。」他們的心就是如此運作。一旦這些想法生起，所感受到的平靜便會破滅了。他們又立刻想，這一定是第二禪。

別思量與推測它，沒有任何告示牌會宣告我們正在經歷哪一階段的禪定。事實是全然不同的，沒有任何符號會如道路標誌一樣告訴你：「此路通往巴蓬寺。」我不如此讀心，它不會作這樣的宣告。

雖然一些很受敬重的學者，對初禪、第二禪、第三禪與第四禪做了描述，寫下來的都只是外在訊息。若心真的進入這些深

層平靜的狀態，它不會知道任何那些描述。它能了知，但所知的和研究的理論不同。

若有學者嘗試擷取他們的理論放入禪修中，邊坐邊想：「嗯……這可能是什麼？這是初禪嗎？」就在那裡平靜破滅了！他們並未經驗到任何實質的內涵。

為何會如此？因為有貪欲，一旦生起渴愛，會發生什麼事？心立即遠離禪修。

因此，我們都必須放棄思量與測度，完全捨棄它們。只要提起身、口、意，徹底投入禪修，觀察心的運作。但不要將經書帶在身旁，否則每件事都會變得一團糟，因為沒有一件書裡的事會完全吻合實相。

心無法
用外在的標準測量

那些研究很多東西的人，腦袋理充滿理論性的知識，通常在「法」的修習上都不成功，他們陷入資訊的泥淖中。實相是——心無法用外在的標準加以測量，若達到平靜，只要讓它處於平靜即可，最微妙層次的深沈平靜確實存在。

就個人而言，我並不知道很多修行的理論，在成為比丘的三

定

年後，對真實的禪定仍充滿許多問題。

　　當禪修時，我一直嘗試思考與想像它是什麼，但心卻變得比先前還更掉舉、散亂！妄想增加，我還未禪修時，比現在還更平靜。天啊！真難，真氣人。雖然我遇到許多障礙，但從未放棄，只是持續地做它，當不刻意嘗試做某件事時，心就會比較自在。但每次我下定決心要入定時，它就會失控。「這究竟是怎麼一回事，」我質疑：「為何會發生這種事？」

　　之後，我才逐漸了解，禪修與呼吸的過程很類似。若我硬要強迫呼吸變淺、變深或不變，是很困難的。不過，若我們去散步，完全不在意是在吸氣或吐氣，它就會非常放鬆。

　　因此，我反思：「啊！也許就是應該這麼做。」當人白天像平常一樣走路，不刻意注意呼吸時，呼吸會造成痛苦嗎？不，他們只會感到輕鬆。

　　但當我執意要讓心平靜時，執著與貪染就悄悄進駐了。當嘗試控制呼吸變淺或變深時，它只會比先前更緊張。為什麼？因為我所用的意志力是染污的，是有執著與貪欲的，我並未覺知正在發生的事。所有的挫折與痛苦，都是因為我將渴愛帶入禪修而引起。

一次奇妙的禪修體驗

我曾待過一間距村子約半哩路的森林寺院。有天晚上，當我練習行禪時，村民正在大肆集會慶祝。當時一定已過了十一點，我感覺有點不尋常，從中午起，就一直感到奇怪。我的心平靜，幾乎沒有思慮，感到非常輕鬆自在。我練習行禪，直到疲累才進入茅篷打坐。

當坐下來時，幾乎還來不及盤腿，不可思議地，我一心只想進入深刻平靜的狀態，這一切都自然地發生。當坐定之後，我的心變得非常平靜，像磐石一樣堅定，我還是可以聽到村民的歌舞聲，但也可以完全關掉聲音。

奇怪，當我沒有注意聲音時，它很安靜——什麼也沒聽到；但若我想聽就可聽到，絲毫不受影響。那就如有兩個所緣並排於心中，但並無接觸，我可以看見心與覺知的所緣是分開與不同的，就如痰盂和水壺。

接著，我了解到：當心統一在定中時，若注意力向外，就可聽見，但若讓它住於它的空性中，則它是完全安靜的。當聲音被認知時，我能看見覺性與聲音是截然不同的。

我沈思：「若它不是這樣，還會是怎樣？」它就是這樣，這

兩個東西完全分開，我持續如此觀察，直到了解又更深一層：
「啊！這很重要。當現象的相續認知被切斷時，結果就是平
靜。」先前的相續 (santati) 妄念，轉變為寂靜 (santi) 之心。我
持續靜坐，專精禪思，那時的心只專注於禪修，不管其他任何
事。若我就在此時出定，也沒有絲毫減損，因為它是完整的。
我可以稍微放鬆，不過絕非因為懶散、倦怠或氣惱，完全不
是，這些都不存在於心中。心中只有圓滿的內在平衡與平靜
——不偏不倚。

　　最後，我真的休息了一下，但那只是改變坐姿，心仍繼續保
持不動搖。我抓過枕頭，想要小憩一會兒，當傾身時，心仍和
先前一樣平靜。然後，就在頭碰到枕頭之前，心的覺知開始向
內流，我不知它要去哪裡，但它只是往內愈流愈深。它就如電
流從電纜流向開關，當碰到開關時，我的身體發出砰然巨響爆
炸開來，那段時間的覺知非常清晰與微妙。

　　過了那點之後，心隨即往更深處穿透，進到完全一無所有之
處。絕對沒有任何外面世界的東西能深入那裡，完全沒有任何
東西可能到達它。在裡面停留一段時間之後，心接著向外回
流。不過，當我說它回流時，意思並非是我讓它向外回流，我
只是個觀察者，只覺知與見證。心愈來愈往外出來，直到終於

恢復「正常」為止。

當我的意識狀態恢復正常時，問題來了：「那是什麼？」答案立即出現：「這些東西自有它們發生的因緣，你無須尋求解釋。」這答案能滿足我的心。

不久後，心又再開始往內流，我並未刻意導引它，它是自動自發的。當我愈來愈向內移動時，它又碰到那相同的開關，這次我的身體粉碎為微塵。心再次往自己更深處穿透，寂然無聲，甚至比第一次更微妙，絕對沒有任何外在的東西可能到達。心在此隨意停留了一段時間，然後再向外回流。那時它是順著自己的動能，一切都自動自發，我並未刻意影響或導引它向內或向外流。我只是個覺知者與觀察者。

我的心又回到它平常的意識狀態，而我並不想知道或推測發生了什麼事。當我禪修時，心又再一次向內流。這次整個宇宙都粉碎並化為微塵，地球、大地、山嶽、田野與森林——全世界——都瓦解成空界。人們消失了，所有東西都不見了，在這第三次的場合裡，什麼也不留。

向內流的心，隨意停留在那裡一段時間。我無法說我了解它究竟是如何停留，很難描述發生了什麼事，我無法以任何東西來比擬，也找不到恰當的譬喻。

定

　　這次心停留的時間比以前更久，過了一段很長的時間後，它才從那狀態出來。當我說它出來時，並非意指是我讓它出來，或是我在控制它發生，一切都是心自動完成，我只是個觀察者。最後，它再回到平常的意識狀態。

　　你怎麼為這三次發生的事命名呢？誰知道？你會以什麼字眼來標示它呢？

無須到遙遠的地方尋找
只要看自己的心

　　我對你們所說關於心的每件事，都是隨順自然的方式。這並非心或精神狀態的理論性描述，無須那麼做。只要有信仰或信心，就能到達那裡，並真的去做它，不只是玩玩而已，你是將整個生命放在上面。當你的修行達到我所描述的狀態時，整個世界都會翻轉過來，你對實相的了解將完全不同，見解也將徹底轉化。

　　若有人在那時看見你，可能會認為你瘋了。若此經驗發生在無法完全掌握自己的人身上，他們可能真的會發瘋，因為所有的事情都已不同於從前。世上的人會變得和以前看起來不同，不過你是唯一如此看待的人。

所有的事情都徹底改觀，你的思想發生了質變，其他人想的
是一回事，而你想的則是另一回事；他們以一個方式思考，而
你則用另一個方式思考；他們正走下某一條路，而你則往上攀
爬另一條路。你和其他人不再相同，這種經驗事情的方式不會
讓你墮落，它堅持往前走。試試看吧！

　　若它真的如我所說，你就無須再到遙遠的地方尋找，只要看
自己的心。這個心是百折不撓的，這是心的力量，是活力與能
量的泉源。心有這個潛力，這是定的力量與強度。

定——
思惟與觀的基礎

　　在這點，它仍然只是從定生出的力量與清淨。這個是最高層
次的定，心已達到定的頂點，它不只是剎那定。若你在此時轉
換修習觀禪，思惟將會是持續而敏銳的，或可將那集中的能量
使用在其他的用途上。從這點上，你可以長養神通力，施展神
變，或隨意使用。

　　許多苦行者與隱士，使用禪定的能量製作聖水、護身符或施
咒，這些東西在此階段都是可能的，且都有各自的利益。但它
就如酒精的利益，喝了之後，會讓你沈醉。

定

　　這個定的層次是個休息站，佛陀在此暫停與休息，它形成思惟與觀的基礎。不過，為了觀察周遭的因緣，無須如此深的定，才能持續穩定地思惟因果的過程。

　　為了做到這點，我們專注在心的平靜與清明上，分析經驗到的色、聲、香、味、觸、法。觀察情緒與情感，無論是正面的或負面的、快樂或痛苦的，觀察這一切。就如有人爬上芒果樹，準備搖下芒果，而我們則站在下面等著收集。不撿爛掉的，只收集好的芒果，這並不累，因為我們無須爬樹，只是待在樹下撿拾果實。

　　你們了解這比喻的意思嗎？一切都只要以平靜心來體會，就能提供深刻的了解。我們不再為經驗到的事物，創造更多的詮釋，那只是畫蛇添足而已。

　　得、失、毀、譽、稱、譏、苦、樂都如實地呈現，我們是平靜且有智慧的。這真的很有趣，篩選與區分這些會變得很有趣，其他人所說的好、壞、善、惡、彼、此、苦、樂或任何事，都成為有益於我們的事物。

　　已有人爬上芒果樹搖枝幹，好讓芒果掉到我們身上，我們只需愉悅地安心收成。有什麼好怕的呢？是別人將芒果搖下來給我們。得、失、毀、譽、稱、譏、苦、樂，就如掉下來的芒

果，只需以平靜的心檢視它們，然後我們便會知道哪些是好的或爛的。

當我們開始使用禪修所長養的平靜與安定，來思惟這些事物時，智慧就會生起。這是我所說的智慧──「觀」，它並非杜撰或推測出來的東西。

若具有智慧，「觀」將自然地展現，我們無須為正在發生的事貼標籤。若只有一點清晰的洞見，稱為「微弱的觀」(little vipassana)；當清晰的洞見有些增加時，稱為「中等的觀」(moderat evipassana)；若完全如實覺知時，則稱為「究竟的觀」(ultimate vipassana)。我個人比較喜歡以「慧」來代替「觀」。

若我們經常想坐著思考並修習觀禪，就會遭遇困難。「觀」需要從平靜與輕安入手，整個過程自然地發生，完全自動自發，無法勉強。

修行要有耐心
不要依賴高壓的手段

佛陀說此過程有自己成熟的步調，達到這修行階段後，允許它根據我們的潛能、習性，以及過去所累積的功德自然發展，但精進地修行，絕不停止，進步得快或慢，並非我們所能控

制。這就有如種樹，樹知道它應該長多快，若我們希望它長得更快，這只是妄想；若希望它長得更慢，那也是妄想。只要我們下了工夫，結果自然會顯現，就如種樹。

例如想種一棵辣椒樹，我們的任務就是挖個洞埋下種子，澆水、施肥，並保護它免於病蟲害。這是我們的工作，事情到此為止，接著需要靠信心。辣椒樹是否能長大，取決於它自己，那不是我們的事。揠苗助長並非自然運行的方式，我們的職責只是澆水與施肥，修行也應以同樣的方式讓心放輕鬆。

若我們在此世覺悟，那很好；若必須等到來世，那也無妨。我們對於「法」具有信心與正確的信念，進步得快或慢，取決於我們的潛能、習性，以及至今所累積的功德，如此修行，讓心放輕鬆。就如坐馬車，我們不會將車放在馬前面，或如耕田，我們不會走在水牛前面而是後面。我的意思是，心領先它自己。沒有耐心才會想速成，那並非正確的方式，不要走在你的水牛前面，必須走在水牛「後面」。

這就如我們所種的那棵辣椒樹，為它澆水和施肥，它就會吸收養分。當螞蟻或白蟻來襲時，就驅逐牠們。只要如此做就夠了，辣椒樹自己便能長得很漂亮。一旦它漂亮地長大後，別因為認為它應該開花，就試圖勉強它開花，那不干我們的事，如

定

此只會徒增困擾。讓它自己長大，一旦真的開花了，別要求它
立即結出辣椒。不要依賴高壓的手段，那真的會造成痛苦！

　　想清楚之後，就會了解自己的職責是什麼，大家各司其職。
心知道自己的角色，有什麼工作需要完成，若心不了解，就會
在種下辣椒樹的那一天，試圖勉強它結籽，心會堅持它必須在
一天內就長大、開花與結籽。

以一顆自在的心
不疾不徐地修行

　　這就是第二聖諦——渴愛造成痛苦生起。若我們覺知這聖諦
並深思它，就會了解，在修行中試圖揠苗助長，只是徒增煩
惱，那是錯誤的。了解它如何工作，我們便能放下，讓事情根
據我們的潛能、習性與過去累積的功德，去自行成熟。我們持
續做自己的部分，無須擔心它可能要花多久的時間。即使可能
要花一百世或一千世才能覺悟，那又如何？

　　無論多少世，我們都只要持續以一顆自在的心，不疾不徐地
修行。一旦心到達入流⑧的階段後，就沒什麼好害怕的了，它
甚至連最微細的惡行都能超越。佛陀說，達到須陀洹的心，已
進入覺悟的法流。

這些人永遠不會再經歷惡道，再墮入地獄。他們的心已斷除邪惡，怎麼可能再墮入地獄呢？他們已看見造惡業的危險，即使你試圖勉強他們說壞話或做壞事，他們也不可能去做，因此沒有落入惡道或地獄的危險，他們的心隨順法流而行。

一旦在法流之中，你就會知道自己的職責是什麼。你了解眼前的工作，並了解如何修行，知道何時該緊或該鬆。你了解自己的身與心——色與名的過程，並捨棄應被捨棄的事物，持續斷惡，無絲毫疑惑。

以最大的誠意反覆去做
直到禪修成為你的一部分

在我的修行生涯中，我並未試圖控制一大堆事；只有一件，我訓練這顆心。例如我們看見一具軀體，若被它吸引，那麼就去分析它，它有個漂亮的外表——頭髮、體毛、指甲、牙齒與皮膚。佛陀教導我們，要徹底並反覆地思惟身體這幾部分，個別地觀想它們，拆開它們，燒光它們，剝掉皮膚。就是如此做，專注於這個禪修法，直到它堅定不移為止。

看所有人都是如此，例如當比丘與沙彌早晨入村托缽時，看見任何人，無論是另一個比丘或村民，將他或她都看成死屍，

定

一具在前面蹣蹣而行的屍體。持續專注在這個念頭上，就是這樣用功，它能帶來成熟與進步。當你看見一個迷人的年輕女郎時，觀想她是具行走的屍體，身體發出腐爛的惡臭的死屍。看每個人都一樣，別讓她們太靠近！別讓你的心著迷。若將別人看成是腐敗與惡臭的死屍，我可以保證，你一定不會著迷。

持續思惟，直到看見、確定並熟練為止，如此無論走哪一條路，都不會迷失。將心全部放在其上，每當你看見某個人時，都看到屍體，無論是男或女，都將之視為死屍，還有別忘了將自己也看成死屍！萬物終歸於此。

試著儘可能如此徹底發展你的觀點，不斷訓練它，直到它逐漸成為你心的一部分。我保證，那會非常有趣——若你確實地做它。但若只是憑藉讀書所得的印象來對待它，你就會遇到困難，你必須實地去「做」它，並以最大的誠意去做，反覆地做，直到這禪修成為你的一部分。將領悟實相當作目標，若是基於希望超越苦的動機，你就是站在正道之上。

持戒不嚴謹
無法順利修觀

現在，有許多人在教導修觀與其他許多禪修技巧，我會這麼

說：「修觀並不容易。」我們不可能一擲中的。若持戒不嚴謹，將無法順利進行修觀，你得自己去發現。戒與律是必要的，因為若身、口、意的行為不清淨，我們的腳跟就無法站穩。無戒的禪定，就如試圖跳過解脫道的基礎，小心摔死！

同樣地，你偶爾會聽到別人說：「你無須修止，跳過它，直接修觀。」喜歡便宜行事的懶人，才會無須費心持戒。要知道，堅持淨化你的戒是困難重重的，它不只是玩玩而已，若可以略過一切戒律的教導，將會容易許多，不是嗎？每次遇到困難，我們只要跳過它，就可避開它。當然，我們都喜歡跳過困難的片段，不過那終究是行不通的。

有次我遇到一位比丘，他告訴我他是個真正的禪修者，請求待在我這裡，並詢問作息表與戒律標準。我向他解釋，在這間寺院，我們是依律——佛陀制定的寺院規範而生活。若他想來接受我的訓練，必須放棄錢財，以及私人擁有的衣物與醫藥。他告訴我，他的修法是：「不染著一切世俗事物。」我告訴他，我不知他說的是什麼意思。

「若我待在這裡」，他問道：「保存我所有的錢財而不染著，金錢只是個世俗概念而已，這樣如何呢？」我說：「當然，沒問題！若你能吃鹽巴而不覺得鹹，你就可以使用金錢而

定

不執著。」他只是在耍嘴皮子而已，事實上是懶得遵循戒律的細節。

我告訴你，那很難。「當你可以吃鹽巴，並誠實地向我保證不鹹時，我就會認真地接受你；但若你告訴我不鹹，我就會給你一整袋，讓你吃下去！要不要試試看？它真的嘗起來不鹹嗎？不執著世俗事物，不只是伶牙俐齒的說法。若你想如此說，就不能待在我這裡。」因此，他離開了。

我們必須嘗試並維持戒的修行，出家人應接受苦行的訓練，在家人則必須持守五戒，不論說或做每件事，都要嘗試達到清淨。我們應盡可能培養善行，並持續逐步地做它。

渴望平靜
也是一種渴愛

開始修止時，別因為試了一兩次，心不平靜就放棄，那不是正確的方式。你必須長期禪修，為何要如此長的時間呢？想一想，我們已讓心迷失多久了？我們有多少年沒有修止呢？每次心命令我們遵從一條歧路時，我們便毫不猶豫地跟著走。要安定這顆流浪的心，讓它停止與不動，幾個月的禪修夠嗎？

想想這點。當我們訓練心隨時保持平靜時，請了解，煩惱一

旦開始生起時，心便會不平靜，會散亂與失控，為什麼？因為有渴愛。我們不希望心思考，不想經歷任何散亂，這也是渴愛——渴望沒有。我們愈渴望不要經歷某些事，就愈邀請它們進來。「我不想要這些東西，它們為何一直跟著我？我不希望這樣，它為何偏偏這樣？」

又來了！我們渴望事情以一種特別的方式存在，因為我們不了解自己的心。在了解與它們廝混是個錯誤之前，它可能會持續很久、很久。最後，當我們想清楚時，便了解：「哦！它們是因為我的召喚才來的。」

渴望不要經歷，渴望平靜，渴望不要散亂與激動——這些都是渴愛，都是熾熱的鐵塊，別在意它，只要持續修行。每次我們經驗一種心情或情緒，都依據無常、苦與無我加以檢視，將它丟入這三個範疇的其中之一。

然後反思與觀察，這些煩惱幾乎都伴隨著過度的「想」。每次某種心情生起，「想」就會跟在後面蹣跚而來。「想」與「慧」截然不同，「想」只反應並跟隨心情，它們源源不斷地出現在眼前。

若慧有在運作，就會讓心靜止。心停止不動，只覺知與認識被經驗的事物：當這情緒出現時，心是這樣；當那情緒出現

時，它是那樣。

我們持續「覺知」，最後它會冒出來：「哈！這一切的『想』，這些漫無目標的瞎扯，這些擔憂與判斷，都沒有實質意義，都是無常、苦與無我的。」把它丟入這三個範疇的其中之一，平息騷動，從根斬斷它。之後，當我們坐禪時，它還會再跑出來，密切注意它，盯著它看。

無論心走向何方
都密切注意它

就如養水牛，你有農夫、一些稻作與水牛。水牛想吃稻作，稻作是水牛喜歡吃的食物，對嗎？你的心如水牛，煩惱如稻作，覺知者則是農夫。修行佛法就像這樣，沒有差別，拿它來和自己做比較。照顧水牛時，你如何做？你會放開牠，讓牠自由閒逛，但一直密切注意牠，若牠離稻作太近，你便發出叫聲，水牛聽到後就會回頭。不能放縱水牛不管，若牠冥頑不靈，不聽警告，你就得拿根棍子狠狠地打牠的背部，牠就不敢再靠近稻作。千萬別睡著了，你若躺下來打盹，稻作就會成為牛的食物。修行也是如此，注意看心，「覺知者」會照顧心。

「注意看自己內心的那些人，將能脫離魔王的陷阱。」不

過，這覺性也是心，那麼是誰在觀察心呢？這念頭讓你非常困惑。心是一回事，「覺知者」是另一回事，但「覺知者」是源自同樣這個心。所謂「覺知內心」是指什麼意思？它遭遇心情與情緒時是怎麼一回事呢？沒有任何煩惱又是怎麼一回事？能覺知這些事情的就是所謂的「覺知者」。

「覺知者」敏銳地跟著心，智慧就從這覺知出生。心是思考與陷入情緒糾纏者，一個接一個——就如水牛。無論牠走向何方，都密切注意牠，牠怎麼可能亂來？若牠走向稻作，你便發出叫聲；若牠不聽，就拿起棍子大步走向牠，狠狠一擊！你就是如此教訓渴愛。

訓練心也是如此，沒有差別。心經驗某種情緒並執著它時，「覺知者」就要負責教導它。檢視心情，看它是好的或壞的，然後向心解釋因果、緣起。當它再次執著某樣東西是可愛的時，「覺知者」必須再次教導心，向它解釋因果，直到心能放開它為止，這將為心帶來平靜。

一旦心發現，任何執著本質上都是痛苦的，它就會停止。心不會再受到那些東西的干擾，因為它一直都受到嚴厲的鞭策。堅定地阻斷心中的渴愛，挑戰它的根本，直到教導貫徹內心為止。你就是這樣訓練自己的心。

一切聖者
都是親自覺知實相

從我退隱到森林中禪修開始，一直都如此修行，我訓練弟子時，也要求他們如此修行。因為我希望他們看見實相，在心無雜念的情況下看見，而非只是閱讀經典。當解脫發生時，你清楚知道；若解脫尚未發生，則思惟事情的前因是如何地導致後果。持續思惟直到知道，並徹底了解。

一旦它被智慧洞穿，它自己便會消失。當有東西擋在前面並卡住時，觀察它，別放棄，直到放開對它的執著為止。就在這裡反覆觀察，我個人就是這樣訓練自己，因為佛陀說你必須親自覺知。一切聖者都是親自覺知實相的，你必須往內心深處去發現它，自行覺知。

若相信自己，對覺知的內容有信心，則無論別人稱讚或批評你，你都會感到很輕鬆。不論別人怎麼說，你都很自在。為什麼？因為你覺知自己。若有人對你歌功頌德，但其實你並沒有那麼好，你真的會相信他們嗎？當然不會，你只是繼續修行。若有人對自己覺知的內容缺乏信心，當受到稱讚時，他便會很快地相信，認知會因而遭到扭曲。

同樣地，當別人批評你時，反省並檢視自己，「不！他們所

定

說不是真的，這指控是錯誤的，我並非那樣，他們的指控無法成立。」果真如此，有需要對他們生氣嗎？他們的話根本就不是真的。

不過，若我們確實如他們所指控的犯了錯，則批評就是正確的。果真如此，你有需要對他們生氣嗎？當你能如此思惟時，就可無往而不自得。沒什麼事是錯的，每件事都是「法」，我就是這樣修行的。

心只是煩惱的幫傭
不要相信它

這是最直截了當的道路，你可以和我爭辯「法」的要點，但我不會參與。我不會還嘴，只會提供一些想法供你思考。請了解佛陀的教導：放下一切，以正念、正知放下。若沒有正念、正知，則放下就和乳牛與水牛不分一樣。若你未將心放進去，就沒有正確的放下。

你放下，是因你了解世間的真相，這才是不執著。佛陀說，在修行開始的階段必須很用功，徹底地開發，並執著很多東西：執著「佛」，執著「法」，執著「僧」，堅定與深入地執著。那是佛陀所說，以誠心與耐心執著，並緊緊地握住。

定

在我自己的尋找過程中，我幾乎試遍所有可能的思惟方式。我為「法」獻出生命，因為我對覺悟實相與到達那裡的道路有信心。這些事情確實存在，就如佛陀所說，但要了解它們需要修行——正確地修行。你要將自己逼到極限，訓練、省察與從根本轉變，這些都需要勇氣。

你應該如何做？訓練這顆心。腦袋裡的想法叫我們往一個方向，而佛陀則告訴我們往另一個。為何需要訓練？因為心整個被煩惱層層包覆，未受訓練的心就是如此。它是不可信賴的，別相信它。它是不善的，我們如何能相信不清淨的心呢？

因此，佛陀警告我們，別將信任放在染污心上。一開始，心只是煩惱的幫傭，但當它們混在一起久了之後，心就會整個變成煩惱本身。所以佛陀教導我們，不要相信心。

中道
就是放下快樂與痛苦

若我們好好地檢視自己的出家戒，就會了解整件事都和訓練心有關。每次我們訓練心時，都會煩躁不安，當心煩躁不安時，我們便開始思惟：「天啊！這個修行太難了！它是不可能的。」

定

但佛陀並不這麼想。他認為當訓練引起煩惱時，那就表示我們走對路了，但我們不作是想，以為那是代表錯誤的信號，就是這誤解讓修行顯得如此艱鉅。開始時，我們感到煩躁不安，因此認為走錯路了。每個人都只想要好的感覺，而不太關心它是否正確。

當違逆煩惱並挑戰渴愛時，當然會感到痛苦，我們激動、沮喪、困惑，然後放棄，自認為走錯路了。不過，佛陀卻說我們是對的，我們正在對抗煩惱，是它們在煩躁不安，但我們卻以為是自己在煩躁不安。

佛陀說，是煩惱在激昂與沮喪，每個人都相同，這正是為何修行如此重要的原因。人們因看不清事情而失去中道，落入縱欲和苦行的兩端之中。一方面，喜歡放縱貪欲，為所欲為，想舒適地坐著，又喜歡舒適地躺著伸懶腰，無論做什麼都只求舒適，這就是我所說的縱欲——貪著好的感覺。在這種放縱的情況下，修行怎麼可能進步呢？

另一方面，若逸樂與舒適的情況不再，我們就會不安，而為此沮喪、憤怒與痛苦，這是失去中道而落入苦行的一端。這並非平靜與安定之道，佛陀警告我們，不可落入縱欲與苦行的任何一端。

經驗快樂時，只要清楚覺知它即可；經驗憤怒、瞋恚與不安時，則要了解自己並未遵從佛陀的腳步。那不是追求平靜者的道路，而是一般人的道路。內心平靜的比丘不會走上那些路，他筆直地走在中道上，左右兩邊深谷分別是縱欲與苦行。這才是正確的修行。

若你想接受出家的訓練，就必須走在這條中道上，不落入苦、樂兩端，放下它們。但感覺上，它們好像在一旁伺機侵襲我們。開始時，它們從一邊踢，「哎唷！」然後，從另一邊，「哎唷！」我們就好像木鐘裡的鐘錘，在兩端之間來回擺盪。中道，就是放下痛苦與快樂，這才是正確的修行。當渴望快樂襲擊我們，而我們不去滿足它時，就會感到痛苦。

若不走中道之路
永遠不可能成為聖者

實踐佛陀的中道，是艱苦與深具挑戰性的。事情不外好、壞兩端，若我們相信它們，就得服從它們的命令。若我們正在對某人生氣，便會馬上抓起棍子攻擊他們，絲毫沒有耐心；若喜愛某人，便會想從頭到腳親吻他們。我說的對嗎？這兩端都偏離中道，不是佛陀建議的作法。他的教導，是逐漸放下這些東

定

西。那是一條帶領我們走出「有」與再生的道路，是條解脫生、老、病、死、憂、悲、苦、惱的道路。

那些渴望「有」的人，是對中道無知的人。他們先落入快樂的一邊，然後再整個翻轉過來，落入不滿與不安的一邊。他們一直在中道的兩邊徘徊，在擺盪的過程中，始終看不到這處聖地。他們無法待在沒有「有」與再生的地方，他們不喜歡那樣，因此不停留。其實，無論他們是走出家門被狗咬，或飛上天空被禿鷹啄食，那都是「有」。「有」其實並未如我們想像中的好。

人們對於從「有」與再生中解脫是無知的，人心在這方面是盲目的，因此一再與它擦身而過。中道是佛陀走過的道路，是正確修行的道路，超越「有」與再生。超越善與不善的心，在中道裡釋放出來。

這是平靜的聖者之路，若我們不走這條路，則永遠不可能成為聖者，那平靜永無機會展現。為什麼？因為「有」與再生，仍有生與死。

佛道是不生不滅、不高不低、不樂不苦、不善不惡的。它是正直之道，是平靜與安定之道，它平靜地解脫歡樂與痛苦，以及快樂與悲傷，這就是修行佛法的方法。體驗它，心就能停

定

止，可停止發問，無須再尋找答案。就在那裡！這正是為何佛陀說，「法」是智者可以直接自知的東西。無須問任何人，自己就可清楚地了解事物正如佛陀所說，而毫無疑惑。

喜歡某物時 檢視它會將我帶往何處？

我已告訴你們一些我如何修行的小故事。我並無很多知識，未學很多東西，我學的是自己的心，透過嘗試錯誤的實驗，以自然的方式學習。當喜歡某樣東西時，我就檢視究竟是怎麼一回事，以及它會將我帶往何處，不可避免地，它將會造成一些痛苦。我的修行是觀察自己，隨著了解與智慧的加深，我逐漸認識自己。

堅定地致力於修行！若你想要修行佛法，請試著不要想太多。若你正在修禪，發現自己想勉強達成特定的結果，那時最好先停止。當心安定而變平靜時，於是你心想：「這就對了！就是這個，不是嗎？」這時請停止，將一切分析與理論的知識打包收起來，別拿出來討論或教導。那並非洞見內心的知識，它們是不同的知識型態。

當某件事的實相被看見時，它和書寫的敘述是不同的。例如

定

寫下「貪欲」這些字，當貪欲真的淹沒內心時，書寫的文字不可能傳達出和事實一樣的意義。「憤怒」也一樣，我們可以在黑板上寫這些字，但真的發怒時，那經驗是不相同的。我們還來不及讀完那些字，心就被怒火給吞沒了。

若「法」未引入內心
你就並非真的知道

這點非常重要。理論的教導是準確的，但它們需要被引入內心，必須被內化，若「法」未引入內心，你就並非真的知道與看見。我沒有差別，因為我不曾廣泛地學習，但我確實做過一些足以通過某些佛學理論考試的學習。

有天，我有機會去聆聽一位禪修大師的開示，當聆聽時，我心中浮現一些不敬的想法。當時我不知如何聆聽一項真正的開示，無法理解這位頭陀比丘在說什麼。他的教導好像是出於自己直接的體驗，他似乎是根據實相在說法。

之後，我在修行中獲得一些第一手的經驗，親見那位比丘所說的實相。我了解到應如何了解，智慧也隨著那覺醒而生起，「法」在我自己的心中生根。我花了很長的時間，才了解到那位頭陀比丘的教導，是出自他親眼所見。

定

他教導的「法」是直接來自他自己的經驗，而非書本，是根據他的了解與智慧而說。當我走上這條路時，我一一見證了他所說的每個細節，並承認他是對的。因此，我繼續往前走。

把握每個修行的機會
創造未來解脫的因

嘗試把握每個你可以精進修行的機會，不要在意心是否平靜。最重要的是，讓修行之輪持續轉動，不斷創造你未來解脫的因。若你已完成工作，便無須擔心結果，別去憂慮無法得到結果，憂慮是不平靜的。

然而，若你不去做，如何有結果？你怎麼可能看見？有尋找才會有發現，一定要吃飯，肚子才會飽。「周遭每件事都在欺騙我們」，認出這點，即使只有十次也好，但我們卻一再被相同的謊言與故事欺騙。若知道他在說謊，那還不錯，但我們可能要經過很久之後，才會知道這點。我們的老朋友，一再試著用他的謊話來欺騙我們。

修行佛法意指在心中持戒、習定與修慧；憶念佛、法、僧三寶；並徹底放棄一切世間法。我們的行為是在此世就會成熟的因緣，因此要認真修行。

定

　　即使必須坐在椅子上禪修，我們也能集中注意力。一開始，無須專注很多事情，只要注意呼吸，若喜歡可以結合呼吸在心裡默念「佛、法、僧」。

　　集中注意力時，別控制呼吸，若呼吸變得費力或不舒服，就表示方法不正確。只要還無法自在地呼吸，它就會變得太淺、太深、太細或太粗。不過，一旦呼吸放輕鬆，就會發現它愉悅而舒適。

　　清楚覺知每個入息與出息，將能逐漸掌握呼吸的竅門。若作法不正確，就會失去呼吸，當出現這種情況時，最好先暫停，重新調整正念的焦點。

無論呈現何種感官經驗 都當作思惟的所緣

　　若在禪修時，體驗到心的神通現象，例如心變得光明燦爛，或看見天上的宮殿等，都無須害怕，只要覺知你正在經驗的每件事，並持續禪修。經過一段時間後，偶爾呼吸好像會漸漸停止，呼吸的感覺似乎消失，你因而感到驚慌。別擔心，沒什麼好怕的，只要覺知「呼吸已停止」即可。事實上，呼吸還在，只是比平常更微細而已，它會逐漸自行恢復正常的狀態。

定

　　開始時，只要專注於讓心安定與平靜。無論是坐在椅子上，正在開車，駕駛船隻，或做任何事，你都應嫻熟於禪修，以便能隨意進入平靜的狀態。當你坐上火車，很快就能將心帶入平靜的狀態。這種熟練的程度，表示你對解脫道已非常熟悉。

　　接著你便觀察，利用定心的力量，觀察所經驗到的東西，有時是看見的，有時是聽聞、嗅、嘗、觸或心中想像與感覺的。無論呈現的是何種感官經驗，或喜歡與否，都將之作為思惟的所緣。只要覺知正在經驗的東西，別投射意義或詮釋到覺知的所緣上。

　　若它是好的，覺知它是好的；若它是不好的，也只要覺知它不好。這是世間的實相，無論善或惡，一切都是無常、苦與無我的，都是不可信賴的，沒有任何東西值得貪愛或執著。

　　若能維持這種「止」與「觀」的修行，智慧自然會生起。每件被感覺與經驗的事物，都會落入無常、苦與無我這三個坑裡，這就是觀禪。心已平靜，每次心的雜染生起時，就將它們投入那三個垃圾坑的其中之一。這是「觀」的本質：將每件事物都丟入無常、苦與無我裡，無論是好的、壞的、可怕的或其他，都把它拋進來。

　　很快地，了解與洞見就會在這三個普遍的特徵中浮現──那

定

是微弱的觀。在這開始的階段，智慧仍很微弱，但試著繼續保持這個修行。

研究佛法
和修行佛法不同

該是我們開始禪修的時候了！為了覺悟、捨棄、出離與安定而禪修。這很難以言語表達，但那就如有人想認識我，他們就必須住在這裡。在每天的接觸下，我們最後就會彼此認識。

我也曾是個頭陀比丘，行腳參訪老師，且過著獨居的生活。我並未四處為人開示，而是前往聆聽當時的佛教大師開示。我不是去教導他們，而是去聆聽任何他們給我的建議。即使是年輕或戒臘較小的比丘想要告訴我什麼是「法」，我都會耐心地聆聽。不過，我很少參與關於「法」的討論，因牽涉到長篇大論時，我會看不到要點。

無論接受任何教法，在他們談到出離與放下時，我立刻就能領會，我所做的一切，都是為了出離與放下。我們不必成為經典的專家，日復一日，我們逐漸老去，每天都在捕風捉影，卻遺漏了真實的事物。修行佛法和研究它，是截然不同的事。

略過修「止」而直接修「觀」 是不可能成功的

我不批評任何一種禪修形式與技巧，只要我們了解其真正的目的與意義，它們並沒有錯。不過，我們自稱為佛教禪修者，卻不嚴格持戒，在我看來，是永遠無法成功的。為什麼？因為我們試著忽略解脫道最重要的部分──戒、定或慧。

有些人可能會告訴你，不要執著修止的定：「別費心在修止上，直接進到修觀的智慧與洞見。」在我看來，若想要略過修「止」而直接修「觀」，終將發現那是不可能成功的。

不要摒棄卓越森林大師們的修行風格與禪修技巧，諸如阿姜紹、阿姜曼、阿姜通拉 (Ajahn Taungrut) 與阿姜優波離 (Ajahn Upali) 等。若確實按照他們的方式去做，他們教導的道路是完全可信與真實的。若追隨他們的腳步，我們就會獲得真實的洞見。阿姜紹持戒精嚴，他從來未說應繞過它。

若這些森林傳統的大師們，以一種特別的方式建議禪修與僧規，基於對他們深切的敬意，我們應該遵從其教導。若他們說做它，我們就去做它；若他們說停止，因為它是錯的，我們就停止。

我們出於信心而做它，帶著誠意與決心去做它。我們做它，

直到在自己心中見法，直到我們「就是」法為止。這是森林禪師們的教導，弟子們因而對他們生起深刻的敬畏之心與孺慕之情，因他們是透過遵從老師的道路，而看見老師所看見的「法」。

開始修行吧！
你就能見到「法」

試試看！照我所說的去做。若你真的去做它，就能見到「法」，成為「法」。若真的著手去尋找，有什麼能阻止你呢？煩惱一定會被消除，只要用的是正確的對策——出離、靜默、知足與放棄一切我見。然後，即使他人的說法是錯的，你能耐心地聆聽；當其說法是正確的，你也能耐心地聽完。以此來檢視自己，我向你保證，若你去嘗試，絕對是可行的。

不過，學者們很少真正將「法」付諸修行，只有少數人如此做，真遺憾！你們遠道前來拜訪，已很值得讚嘆，它顯示出內心的力量。有些寺院只鼓勵研究，比丘們不斷地研究再研究，似乎看不到終點，且永遠不斬斷需要斬斷的東西。他們只研究「平靜」這字眼，殊不知唯有讓心不動，才有可能發現真正有價值的東西。

定

　　你們應如此研究，才是真正有價值，且完全不會動搖的，它直接進入你們閱讀的核心。不過，若學者們不禪修，他們的知識將只有很少的領悟。一旦將教法付諸修行，所研究的東西就會變得相當清晰。

　　因此，開始修行吧！開發這種領悟。試著住在森林，並待在其間一座小茅篷裡。短暫嘗試這種訓練，親自試試這種感覺，這將比你只是讀書更有價值，然後你就可與自己進行對話。

　　在心放下與歇息的自然狀態下觀察它，當它從這個不動與自然的狀態，以思想與概念的形式向外擴散與波動時，「行」的緣起過程就啟動了。

　　要非常小心並注意這緣起的過程，一旦它起動，離開自然的狀態，修行就會偏離正軌，而落入縱欲或苦行的兩端，就從這裡，展開內心緣起的網絡。若心境是善的，就會產生正向的緣起；若是惡的，緣起就朝負面發展。這些都在你自己的心裡發生。

實地去修行
會有一條路能引導你

　　我告訴你們，仔細觀察心如何運作是很有趣的，我可以快樂

地談論這主題一整天。當你知道心的方式時，就會了解這過程如何運作，以及它如何被心的雜染給洗腦。我將心看成一個點，心所是來拜訪這個點的客人，有時這人來叫門，有時那人來訪問，他們都來到訪客中心。

訓練心提高警覺，注意覺知他們。你應該如此照顧心，每次有訪客接近時，就趕走他們。若你禁止他們進入，他們還會有地方坐嗎？那裡只有一個座位，而你就坐在那裡，整天都耗在那個點上。

這是佛陀堅定不移的覺知，它照顧與保護心。你就坐在這裡，從你出娘胎以來，每個曾來訪的訪客都會到這裡。無論他們來訪的頻率有多高，總是會來到這地點，就在這裡。完全覺知他們，佛陀的覺性堅定不移地在此坐鎮。

那些來此旅行的訪客試圖發揮影響力，以各種方式動搖你的心，當他們成功地讓心捲入其議題時，心所就會生起。無論什麼議題，不論其目標為何，都只要忘了它——它無關緊要。只要在他們抵達時，知道來訪的人是誰即可。一旦他們來訪，將發現只有一張椅子，只要你佔住它，他們就找不到可坐的地方。他們原本想在你的耳邊竊竊私語，但這次沒有座位，下次再來，仍然沒有座位。

　　無論這些喋喋不休的訪客來幾次，他們總是遇到同一個傢伙坐在同一個地點。對於那張椅子你毫不讓步，你認為他們還能繼續忍受這情況多久？只是和他們說話，你就完全認識他們。從你開始涉世以來，每個曾遭遇過的人、事、物，都會前來造訪。只要觀察，並於當下保持覺知，就足以完全見法。無論討論、觀察或思惟，你都是親自去做。

　　這就是討論「法」的方式，我不知還能如何說。我可以繼續以這方式說下去，但到頭來，除了說與聽之外，什麼都沒有。我建議你實地去修行，若親自去看，就會遇到某些經驗，會有一條道路能引導你並提供方向。

　　當你繼續時，情況會改變，必須調整方式以對治新出現的問題。在看見清楚的路標之前，可能要花上一段很長的時間。若你打算走我曾走過的路，這段旅程一定得在你自己的心裡進行，否則將會遭遇許多障礙。

聽是一回事
聲音是另一回事

　　就如聽一種聲音，聽是一回事，聲音是另一回事，我們清楚地覺知這兩者，不會混淆。在尋找實相的過程中，我們依賴自

定

然提供觀察的素材，最後心自己會切開與分解現象。只要放著，心不會被捲進去。

當耳朵接觸聲音時，觀察心裡發生什麼事，它們有被它綁住、纏住或帶走嗎？它們有受到刺激嗎？至少要知道這麼多。之後，當聲音登錄時，它不會擾亂心。

在此我們採用身邊的而非遙遠的事物，即使想要逃離聲音也無從逃避，唯一可能逃離的方法，是訓練心在面對聲音時不動搖。放下聲音，聲音雖被放下，我們仍聽得見。我們聽見，但讓聲音走，因為我們已放下它。

我們無須迫使聽與聲音分開，它會因捨與放下而自動分開，即使想執著聲音，心也不會執著。因為一旦了解色、聲、香、味、觸、法的真實本質，心以清晰的智慧看見，則所有感受，都將掉入無常、苦與無我的範疇裡，無一例外。

任何時刻聽到聲音，都要從這三個普遍特徵去了解。每次耳朵有感官接觸時，我們就聽到，但它就像沒聽到。這並不表示心不再運作，正念與心隨時都纏繞在一起，且不斷相互監視。當心被訓練到這程度時，無論接著選擇走哪一條路，我們都是在做研究。我們將建立擇法覺支⑨，這擇法的動作將根據它自己的動力持續運轉下去。

定

　　和你自己討論「法」，解開並釋放感受、記憶、認知、思想、動機與意識。當它們持續自行運作時，沒有東西能接觸它們。對於那些精通他們內心者，這個省察與研究的過程會自動進行，無須再刻意引導它。無論心傾向何方，思惟都會立即做出適當的反應。

別太擔心身體的狀況
隨順自然的法則

　　若修行達到這層次，有另一個有趣的邊際效益。睡覺時，打鼾、說夢話、磨牙與翻來覆去等現象，全都會停止。即使在熟睡中醒來時，也不會昏昏沈沈，將感到精力充沛與清醒，就彷彿整段時間我們都是醒著一般。我過去會打鼾，但在心隨時保持清醒後，打鼾就停止了。當你清醒時，怎麼可能打鼾？它只有在身體不動與睡著時才出現。

　　心日以繼夜都很清醒，這是佛陀清淨而高超的覺性——覺知者、清醒者、喜悅者與光明者。這清楚的覺性永遠不會睡著，它的能量是自給自足的，且永遠不會變遲鈍或昏睡。在這個層次，可以兩、三天不休息。

　　當身體開始顯露疲態時，我們就坐下來禪修，很快地進入深

定五或十分鐘，當出定時又是精力充沛，就如已睡了一整晚。若不考慮身體，睡眠是不太重要的，只要適度照顧身體即可，別太過擔憂身體的狀況，讓它隨順自然的法則。我們無須告訴身體怎麼做，它會告訴它自己。

就如有人敦促我們要努力一樣，即使想偷懶，內在有個聲音會經常激勵我們。要停留在這點是不可能的，因為努力與進步已累積出一股無法阻擋的能量。請自己去驗證這點，你們已研究與學習了一段很長的時間，現在該是研究與學習你們自己的時候了。

身體的出離
是生起心出離的因緣

在開始修行的階段，身體的出離是很重要的。當你與世隔絕而獨居時，會想起舍利弗尊者的話：「身體的出離，是生起心靈出離的因緣；深刻的禪定，是沒有外在感官接觸的。接著，心靈的出離，則是從煩惱中出離與覺悟的因緣。」不過，還是有些人會說出離並不重要：「若你的心是平靜的，無論在哪裡都沒關係。」

這是真的，不過我們應謹記，在開始的階段，身體在適合的

環境中出離是最優先的。

　　今天或不久之後，在森林深處尋找一個無人居住的僻靜墳地，試試自己一個人住。或找一個令人望而生畏的山頂，去那裡獨居，好嗎？一整晚下來，將會有許多趣事，到那時你才會知道。

　　即使是我，也曾認為出離不重要，但當我實地去那裡做它時，才憶起佛陀的教導。世尊鼓勵弟子們，遠離人群去修行。開始時，這將為心的內在出離建立基礎，心的出離接著將成為從煩惱中堅定出離的支持力量。

　　假設你是個在家人，有房子與家庭，你得到什麼出離？當回到家，才剛踏進門，就被混亂與複雜的事務給擊倒，身體根本無法出離。因此，你會溜到遙遠的地方隱居，那裡的氣氛完全不同。

　　在開始修行的階段，需要了解身體出離與獨居的重要性，接著需要找個禪師來指導。他或她能給予你守護與建議，並指出你理解錯誤之處，因為誤解正是來自於你自認為是對的地方。就在你錯的地方，你卻認定自己是對的。透過老師的解釋，才了解錯在哪裡，老師指出你的錯誤，正是你以為對的地方。

無論修行多困難
都不應捨棄森林禪師的教導

　　我曾聽說，有許多佛教學者比丘反覆地研究經典的說法。沒有理由為何我們不去實驗？當是打開書本研究時，我們就以此方式學習；但當是捲起袖子戰鬥時，就必須採用可能不符合理論的方式戰鬥。

　　若戰士根據書本到戰場打仗，一定會很慘，他將完全跟不上對手的腳步。當戰士很認真地作戰，並且戰況激烈時，就必須以超越理論的方式戰鬥，情況就是如此。佛經裡的話只是提供遵循的指導方針與範例，且研究有時也可能導致輕忽。

　　森林禪師的方式是出家人的方式，在這條道路上只有「捨」。我們根除我見，根除自我意識的本質。我向你保證，這種修行將徹底挑戰你，但無論它有多麼困難，也不應捨棄森林禪師與他們的教導。若無正確的指導，心與定都可能讓人非常迷惑，不可能的事都會開始發生，我過去都一直很小心地處理這些現象。

　　當我是個年輕比丘時，在剛開始修行的前幾年裡，還不能相信自己的心。不過，在累積了可觀的經驗，並能完全相信自己心的運作之後，就沒有任何事能造成問題了。即使出現不尋常

的現象，我也只是暫時擱置它。若我們知道這些事物運作的方式，它們自己就會停止，這一切都是智慧生起的因素。隨著時間流逝，我們將發現自己變得完全自在。

禪修
有自己發展的步調

在禪修中，通常並非錯的事也可能出錯。例如盤腿打坐，下定決心：「好吧！這次我再也不瞻前顧後，集中心只注意自己！」這樣是不會成功的！每次我嘗試如此禪修都行不通，但我們就是喜歡蠻幹。

根據我的觀察，禪修有它自己發展的步調。許多個晚上，當坐下禪修時，我對自己說：「好！今晚除非到凌晨一點，否則我絕不起身。」即使是這種念頭，我就已造下一些惡業，因為不久之後，全身就感到疼痛不堪，好像快死了一樣。

反之，禪修進行得很好時，我都並未預設立場。我並未訂下七點、八點、九點或其他任何目標，只是單純地坐著，穩定地往前推進，以平等心放下。別勉強禪修，別試圖解釋正在發生的事，別以不實際的要求強迫心入定——你可能會發現，它變得比平常更激動與不可預料。只要讓心放鬆，舒適自在即可。

當你允許心輕鬆自在時 它就會靜下來

讓呼吸在正確的步調下輕鬆地流動，不太短也不太長，別想讓它變成什麼特別的東西。讓身體放鬆、舒適與自在，然後持續地做它。

你的心會問你：「我們今晚將禪修到多晚？什麼時候才打算退出？」它一直喋喋不休，因此你必須喝止它：「聽著，老兄！別管我。」

這個愛管閒事的傢伙需要經常被教訓，它和騷擾你的煩惱沒有兩樣，不要太在意它，你必須對它強硬一點。「無論我早一點退出或熬夜，都完全不干你的事！若我想徹夜打坐，也不會影響到任何人，因此你為何要干涉我的禪修呢？」你必須如此斷然地處置那個好管閒事者。接著就能隨意地坐，多久都可以，視當時的情況而定。

當你允許心輕鬆自在時，它就會靜下來。體驗這點，你將認出並領會執著的力量。當能持續打坐很久，舒適與輕鬆地越過午夜時，你就會知道自己已掌握了禪修的竅門，會了解貪愛與執著是如何在污染心。

定

逐步修行即可
無須立下戲劇性的誓言

　　有些人坐下禪修時，會在面前點一柱香，並發誓：「除非這柱香燒完，否則我絕不起座。」然後便坐下來。在似乎過了一個小時後，睜開眼睛了解到才過五分鐘而已。他們盯著香，對於香為何還這麼長感到失望。

　　他們再次閉上眼睛繼續修行，很快地又睜眼檢查那柱香。這些人在禪修中將一事無成，不要如此做，光坐在那裡幻想那柱香：「我很好奇，它是不是快燒完了？」這樣的禪修是成不了事的。不要太在意這些事，心無須做什麼特別的壯舉。

　　若想在禪修中開發心，就別讓渴愛的煩惱知道基本原則或目標。「你將如何修禪，法師？」它問，「你會做多少？你想進行到多晚？」渴愛持續糾纏，直到我們妥協為止。一旦我們宣布將坐到午夜，它立即展開騷擾，不到一小時，我們就感到不安與不耐煩，無法再繼續下去。

　　接著，當我們斥責自己時，更多障礙會攻擊過來：「無望了！什麼？坐禪會殺了你嗎？你說你將讓心在定中不動，但它仍不可靠，且到處亂跑，你發了誓卻做不到。」自貶與灰心的想法將攻擊心，我們陷入自我仇視之中。沒人能讓你責怪或生

定

氣，那只會讓它變得更糟，一旦發了誓，就必須遵守它，我們要不就滿足它，不然就得死在過程中。

別追逐禪修中的現象
回頭當下檢視心所

若我們真的發誓坐一段時間，就不應違背誓言與停止，但此時其實只要逐步修行與發展即可，無須立下戲劇性的誓言。嘗試穩定與持續地修心，偶爾禪修會很平靜，身體所有的疼痛與不適都會消失，膝蓋與腳踝的疼痛會自動停止。

我們嘗試禪修時，若開始出現奇怪的影像、畫面或感覺，首先要做的事，就是檢查心的狀態。別捨棄這基本原則，因為生起這些影像的心，必須是相對平靜的。別渴望它們出現或不出現，若真的生起，就檢視它們，但別讓它們欺騙你。

只要記得它們不屬於我們，是無常、苦與無我的，就如其他所有東西一樣。即使它們是真的，也別停留或太注意它們。若它們頑固地拒絕消失，你就更賣力地提起正念，重新專注於呼吸。至少先做三次又長、又深的呼吸，每次都慢慢將氣吐盡，這可能有效，然後再重新集中注意力。

別對這些現象太著迷，它們不過就是如此，且可能是騙人

的。無論我們是喜歡並愛上它們，或心被恐懼所染污，它們都是不可信賴的，可能是假的，或看來像是真的。

若你經歷它們，別試圖詮釋它們的意義，或投射意義到它們身上。切記它們不是我們的，因此別追逐這些影像或感覺，而是應立即回頭檢視當下的心所。這是我們的行事法則，若放棄這基本原則，並誤信所見到的，就可能會忘記自己並開始胡說，或甚至發瘋，可能喪失理智到無法和人正常溝通的程度。

相信自己的心，無論發生什麼事，只要持續觀察心。對於有智慧的人而言，奇怪的禪修經驗可能是有益的，但對沒有智慧的人則是危險的。無論發生什麼事，不要得意或驚恐，若經驗到什麼，就讓它們發生。

思惟與檢視所經歷的每件事

另一個趨入修行的方式，是思惟與檢視我們所見、所做與經歷的每件事，不放棄禪修。有些人一旦完成坐禪或行禪，便認為該是停止與休息的時候，而停止將心集中在禪修所緣或思惟的主題上，他們完全拋開它，不再如此修行。

無論看見什麼，都要探究它的實相。除了思惟世上的好人，

也要思惟壞人；深入觀察富人與權貴，以及困苦與貧窮的人；當你看見小孩、長者或年輕男女時，去探究年齡的意義。每件事都是可供探討的素材，這便是你開發心的方式。

導致「法」的思惟是緣起的思惟，因與果的過程有各種不同的表現方式：包括大與小、黑與白、好與壞等一切事物。當思考時，認出它是個思想，並思惟它就只是那樣，都終歸於無常、苦與無我的墳場，因此別執著它們。這是一切現象的火葬場，為了體會實相，埋葬並火化它們！

每件事
都是無常善變的

洞見無常意指不讓自己痛苦，它是以智慧加以探究。例如，我們獲得某些自認為好或令人愉快的東西，因此感到快樂。進一步仔細看看這個好與愉快，有時在持有一段時間後，便會開始感到厭煩，而想將它送人或賣掉，若沒人想買，就準備丟棄。為什麼？這個變動背後的原因是什麼？原因就是每件事都是無常與善變的。若無法賣掉或丟掉它，我們就開始苦惱。

這整件事就只是如此，一旦充分了解後，無論再生起多少類似的情況，都能同樣地被了解。事情就是如此簡單，誠如古諺

所說：「一葉知秋。」

　　偶爾我們看見討厭的東西，或聽到煩人刺耳的噪音，便因而惱怒。檢視它並記住它，因為在未來的某個時間可能會喜歡上它。我們可能會對過去討厭的事物，有一百八十度的大轉變，那是可能的！

　　然後，洞見與智慧就會浮現，「啊！所有東西都是無常、苦與無我的。」將它們都丟入這三個普遍特徵的大墳場，對於自認得到、擁有並存有的喜歡事物的執著，都會消失。我們將了解，每件事基本上都相同，然後所經驗的每件事，都會生起與「法」相應的洞見。

　　到目前為止，我所說的每件事，都只是供你們聽與想的，它僅僅是談話而已，人們來看我，我便說話。這些主題不是我們應閒聊瞎扯幾個小時的事，重點是去做它，起身去做它！

　　這情況就如我們約朋友去某地，我們邀請他們，並得到回答，然後便起身離開，無須囉哩囉唆，只要說適量的話即可。我可以告訴你們一兩件關於禪修的事，因為我是過來人，但也許我是錯的。你們的職責是，親自去觀察並發現我所說的，到底是不是真的。

【定】

【注釋】

①心所 (cetasikas)：與心同時生起的名法，通過執行個別專有的作用來協助心識知所緣。一個心與許多心所同時生滅，緣取同一個所緣，而構成感覺或知覺的心理活動。心所共有五十二個（行蘊中的五十個心所，再加上受、想二蘊）。

②行 (saṇkhāra)：泛指一切有為法，一切生滅變異之法，皆稱為「行」。五蘊中的行蘊，則是指色、受、想與識之外的一切有為法。此字在泰語中寫做sungkahn，通常是指身體。

③緣起 (paṭicca-samuppāda)：佛教的中心思想之一。是佛陀說明眾生為何會產生憂悲苦惱，如何才能脫離苦惱，到達無苦安穩的理想的教說。依照十二支緣起的順序，依次為無明、行、識、名色、六處、觸、受、愛、取、有、生、老死。

④有 (bhāva)：指存在的過程。bhāva 的泰文 phop 是阿姜查的聽眾所熟悉的辭彙，它通常被理解為「輪迴的領域」。阿姜查此處對該字的用法並未依慣例，更強調實用的一面。

⑤世間解 (lokavidū)，又作「知世間」，為佛十號之一。即佛能了知眾生、非眾生兩種世間的一切，既了知世間之因、世間之滅，也了知出世間之道。

⑥剎那 (khaṇa)：一個心的壽命稱為一個心識剎那。這時間單位非常短暫，諸論師說在閃電或眨眼間，就有數十億個心識剎那生滅，每個心識剎那還可分為生、住、滅三個小剎那。

⑦ 煩惱 (Kilesa)：即染污心的心理特質，包括貪、瞋、痴與其他建立在它們之上的不善心所。

⑧入流（須陀洹）：是指斷除身見、疑、戒禁取三種煩惱，而進入聖者之流者，是聖者的最初階段者。成為此聖者之後，就永不再墮入地獄、餓鬼、畜生，至多生於欲界七次，其後必定得正覺而般涅槃。

⑨擇法 (dhamma-vicaya) 是七覺支之一。在禪修中，它是種直覺的、具有辨識力的慧，可辨別「法」的特性，通達涅槃的本質，是「智慧」的同義辭。

定

【第七章】修定

你們為何修定？因為你們的心對於應了解的並不了解。換句話說，你們並不知道事物的實相，或什麼是什麼。你們不知什麼是錯或對，是什麼帶來痛苦並讓你們疑惑。你們來此修習定與戒，是因為心不自在，它們受到懷疑與不安的影響。

雖然表面上看來，好像有許多修行的方式，但其實只有一種。例如樹可能藉由嫁接方式快速收成果實，但這樣的果樹較不強韌與耐寒。另一個種樹的方式，則是直接從種子種起，如此會種出比較強壯與耐寒的果樹。修行也是如此。

修心的時刻
其他的事一律不管

當我剛開始修行時，對這點的了解有問題。在還不知道什麼是什麼時，坐禪真是件苦差事，甚至偶爾還會因而掉淚。有時我將目標定得太高，有時則又太低，永遠找不到平衡點。要以平靜的方式修行，意指將心放在高低適度的平衡點上。

和不同的老師以不同的方式修習可能會很困擾，一位老師說你必須這麼修，另一位則說必須那樣修，結果就是困惑、懷疑

定

與不安。沒人知道應如何調和自己的修行。

因此你應試著別想太多,若真的要想,就一定要有覺知。首先,你必須讓心平靜,有覺知的地方就無須思考,覺知會代之生起,而轉變成智慧。一般的思考不是智慧,它只是心漫無目標與無覺知地遊蕩,那無可避免地會造成不安。

因此,在此階段你無須思考,那只會攪亂心,過度的妄想甚至會導致你哭泣。佛陀是個非常有智慧的人,他知道如何停止思考。禪修時你必須下定決心,現在是修心的時刻,其他的事一律不管,不要讓心偏向左或右、前或後、上或下,此時唯一的任務就是修習入出息念。

首先,將你的注意力從頭頂,經過身體,移到腳趾,然後再回到頭頂。從頭到腳覺知你的身體,並以智慧來觀察,如此做,是為得到一種對身體存在方式的初步了解。接著開始禪修,記得你唯一的任務就是觀察入息與出息。不要強迫呼吸比平常長或短,只要讓它保持輕鬆,均勻地流動,讓每個入息與出息都自然地進出。

雖然你隨它們自然進出,但仍應保持覺知,讓呼吸舒適地進出。保持堅定的決心,在這段時間,你沒有其他的工作或任務要做。關於會發生什麼,以及會看到什麼的想法,也將不時地

在禪修中生起，不過一旦它們出現，就讓其自行消失，不要過度地關心它們。

不要對感受做出反應

禪修期間無須注意法塵，每次心受到感官接觸影響時，只要心中有感覺或感受，就放下它。無論那些感受是好或壞都不重要，不要對感受做出反應，只要讓它們消逝，然後再將注意力拉回呼吸上。對入息與出息保持覺知，不要為呼吸的長短感到苦惱，也別試圖以任何方式控制或壓抑它，只是觀察它。

換句話說，不要執著。當你繼續進行時，心會逐漸放下事情且開始歇息，呼吸會變得愈來愈微細，幾乎如完全消失一樣。身與心都會感覺輕安與充滿活力，持續的只是「一境性」的覺知，心已達到平靜的狀態。

若心惶惶不安，提起正念深深吸進一口氣，吸到滿時再將它完全吐盡。接著再做另一次深呼吸，如此做個兩、三次，然後再重新專注於禪修上。心應該愈來愈平靜，每次法塵擾亂心時，就重複這過程。

同樣的情況也適用於行禪上，若行禪時心變得不安，就先停

    定

下來安撫心，重新建立對禪修所緣的覺知，接著再繼續行禪。
行禪與坐禪基本上是相同的，只是使用的身體姿勢不同而已。

有時可能會有疑惑，因此你必須有正念。覺知者會持續追蹤
與檢視騷動的心，無論它採取什麼形式，這就是有正念。正念
會看管與照顧心，無論心的情況如何，你都必須保持覺知，不
要粗心大意或心不在焉。

訣竅是讓正念控管與監督心，一旦心與正念合一，一種新的
覺知就會浮現。入定的心受到定的管制，就如同關在雞舍裡的
雞無法在外面走動，但仍可以在雞舍裡活動。牠來回走動，不
會陷入麻煩，因為牠受到雞舍的限制。

同樣地，具有正念與定的心產生覺知時，也不會引生麻煩。
在定心裡產生的任何念頭或感受，都不會造成傷害或混亂。

以正念維持覺知
把心拉回來

有些人絲毫不想經歷任何念頭或感覺，但這也太離譜了。在
定境中也會有感覺，心同時經歷感覺與平靜，沒有阻礙。有這
種平靜時，有害的結果就不會產生，問題只有在雞跑出雞舍時
才會發生。

定

例如，你可能在觀察呼吸進出時忘了自己，讓心從呼吸上跑開，可能是跑回家、去逛街，或跑去其他地方。也許甚至過了半小時，你才驚覺自己正在禪修，並責備自己缺乏正念。這裡是你真正必須小心的地方，因為這就是雞跑出雞舍的地方——心已離開它平靜的基地。

你必須注意以正念維持覺知，並試著把心拉回來。雖然我說「把心拉回來」，事實上心哪裡也沒去，只是覺知的對象改變了。你必須待在此時、此地，只要有正念，心就會在場。看起來好像是你把心拉回來，但其實它哪裡也沒去，它只是稍微改變了。當正念恢復時，瞬間你的心就回來了，無須去其他地方尋找。

若有完全的覺知——一種在每個時刻都持續無間斷的覺知，就稱為當下的心。若注意力從呼吸跑到其他地方去，覺知就會中斷。只要覺知入出息，就會有心。

必須同時具備正念與正知，當下你清楚地覺知呼吸。這觀看呼吸的動作，會幫助正念與正知一起增長，它們彼此分工合作。同時擁有正念與正知，就如由兩個人共同抬起一塊沈重的木板。假設他們想要抬起多塊重木板，但因太重幾乎無法抬起，這時某個善心人士見狀，便會趕緊伸出援手。同樣地，具

定

備正念與正知時，智慧將會適時伸出援手，然後這三者就可以
相互支援。

放棄一切的
內在對話與懷疑

　　智慧對於感官所緣會有個了解。例如，禪修時你可能開始想
到一個朋友，但智慧應立即以「那無關緊要」、「停止」或
「忘記它」，而加以制止。或若有個「明天要去哪裡」的想法，
智慧的反應將會是「我沒興趣，也不想讓這種事來煩我自
己」。若你開始想到其他人，你應該想：「不！我不希望涉
入」、「放下吧」，或「那都是不確定的」。這是你在禪修時對
於感官所緣應有的處理方式，視它們為「不確定、不確定」，
並保持這種覺知。

　　你們必須放棄一切的思慮、內在對話與懷疑，禪修期間不要
陷在其中。最後，心裡只會剩下正念、正知與智慧等最清淨的
狀態。只要這些一減弱，疑惑就會生起，但試著立即放棄那些
疑惑，只留下正念、正知與智慧。試著如此增長正念，直到它
能隨時保持為止。然後，你就會徹底了解正念、正知與智慧。

　　將注意力集中在這點，你就能了解正念、正知與智慧三者。

定

無論你是討厭外在的感官所緣或受它們吸引，你都能告訴自己：「那是不確定的。」無論討厭或喜歡，它們都是應掃除的障礙，直到心清淨為止，剩下的應只有正念、正知、定與慧。

禪修的輔助——「慈」以作為清淨心的基礎

現在談談禪修的工具或輔助——你心中應該有「慈」，換句話說，即慷慨、仁慈與助人的特質。這些都應保持以作為心清淨的基礎。例如，藉由布施去除貪欲，當人們自私時並不覺得快樂。自私帶來一種不滿足感，不過人們仍非常自私，絲毫不知它如何影響他們。

你們可以在任何時刻體會到這點，特別是在飢餓時。假設你有些蘋果，並有機會和一個朋友分享；你想了一會兒，當然，給予的想法還在，但你給小的，把大的給人就⋯⋯哎，真丟臉。這真是難以定奪，你告訴他們自己去挑一個，但接著你說：「拿這個！」並遞一個小蘋果給他們！這是種人們通常不會注意到的自私形式。

你們真的必須對抗吝嗇的習氣而行布施，即使可能真的只想給予小的蘋果，也必須強迫自己給出較大的那顆。當然，一旦

定

你將它給了朋友，內心就會覺得很舒服。藉由對抗習氣訓練心需要自制——必須知道如何給予、割捨，不允許自私出頭。

你一旦學會給別人，心就會充滿喜悅，若給蘋果時猶豫不決，那麼你在考慮時就有麻煩了，即使給出大顆的，還是會有不情願的感覺。但當堅決給予大顆的，事情就了結了。這就是以正確的方式對抗習氣。

如此做，你就能成為自己的主宰，若無法這麼做，就會成為自己的受害者，並繼續自私下去。我們所有人一直以來都是自私的——那是必須斬斷的煩惱。在巴利經典中，施予稱為「布施」，意思是為眾生帶來快樂，並淨化自己的內心。你們應反省這點，並在自己的修行中積極長養它。

煩惱如流浪貓
切莫滿足它的需求

你們可能認為如此修行，意味著逼迫自己，但其實不是，事實上，它是在逼迫渴愛與煩惱。若煩惱在心中生起，就必須採取行動對治它們。煩惱就如流浪貓，若滿足牠的需求，牠就會時常來索取更多；若停止餵食，幾天之後牠就不會再來煩擾了。煩惱也是如此，若停止餵食，它們就不會再來打擾，而讓

定

心回歸平靜。因此，與其害怕煩惱，不如讓煩惱害怕你們，那麼你們就必須在心中見法。

「法」從何處生起呢？它隨著我們如此覺知與理解而生起。每個人都能覺知與理解「法」，它無須透過鑽研書本或博學多才，只要當下省察，你們就會了解我在說什麼。每個人都有煩惱，不是嗎？過去你們已縱容煩惱太久，現在必須知道它們的本質，不讓它們再來騷擾你們。

修行佛法的原則——
棄惡生善

修行的下一個要素是「戒」。它如父母照顧小孩一樣照顧與滋養修行，持戒的意思並非只消極地避免傷害別人，同時還要積極地幫助與鼓勵他們。至少應持守五戒：

一、除不應殺害或刻意傷害他人之外，同時還要對一切眾生散發善意。

二、要誠實，不可侵犯他人的權益，換句話說，即是不偷盜。

三、知道適度的性行為，換句話說，即是不邪淫。

家庭的基礎建立在夫妻關係上，夫妻應知道彼此的性情、需

求與希望，遵守節制的原則，並知道正確性行為的界限。有些人不知道這限制，擁有一個丈夫或妻子還不夠，必須有第二或第三個伴侶。我的看法是，即使一個伴侶也無法完全消受，因此擁有二或三個就是縱欲。

你們必須試著淨化內心，並訓練它知所節制。知道節制是真正的清淨，否則你們的行為將毫無節制。吃到美食時不要太耽溺於它的味道，想想你的胃，考慮多少的量才是它所需要的。若吃太多，就會有麻煩。節制是最好的方式，只要一個伴侶就夠了，二或三個就是縱欲，那只會造成問題。

四、不妄語──這也是斷除煩惱的工具。你們必須誠實、正直、坦率與公平。

五、戒絕使用麻醉品──你們必須知道自制，最好完全捨棄它。人們已被家庭、親友、家產、財物與其他東西麻醉，那已夠糟了，無須再使用麻醉品，它們只會在心中製造黑暗。那些大量使用的人應嘗試逐漸減輕用量，直到完全斷除為止。你們必須知道什麼是什麼，是什麼東西在日常生活中壓迫你？哪些行為造成這種壓迫？善行帶來善果，惡行則帶來惡果。這些都是因。

一旦戒行清淨時，對別人就會有種誠實與親切的感覺，這會

定

從擔心與悔恨中帶來自在與滿足。免於悔恨是一種快樂的形式，那很像是種天界的狀態。你們在從戒生起的快樂中，舒適地吃飯與睡覺。

棄惡生善，這是個修行佛法的原則，若能如此持戒，惡就會消失，善將取而代之。

看見快樂的
不確定性與侷限性

但故事並非就此結束，一旦人們得到一些快樂，就很容易掉以輕心，在修行上不思進取。他們被快樂給絆住了，喜歡「天堂」的快樂，不想再往前進一步。那很舒服沒錯，但缺乏真實的了解，你們必須不斷提醒自己不要受騙。

一再省察這快樂的弊病：它是短暫的，無法持久，你很快就會和它分開。它是不確定的，一旦快樂消失，痛苦就會取而代之，你會再陷入哭泣，即使是天界的眾生，最後還是會哭泣與痛苦。

因此，世尊教導我們，快樂就緊臨著不圓滿的痛苦。通常當經驗這種快樂時，我們對它並無真實的了解，其實真正確定與持久的平靜，正受到虛假的快樂所遮蔽。這快樂是我們所貪著

的微細煩惱，每個人都喜歡快樂，快樂是因喜好某件事物而生起，但當喜歡變成不喜歡時，痛苦便生起。

我們必須省察這快樂，以便看見它的不確定性與侷限性。一旦事情改變，痛苦便生起，它也是不確定的，不要以為它是固定或絕對的。這種省察名為「過患說」（Adinavakathā）——省察因緣和合世間的不足與限制，意指省察快樂，而非接受它的表面價值。了解它是不確定的，就不應緊抓著它不放，應拿起它之後就放下它，同時看見快樂的利與弊。

當了解那些事是不圓滿的，心就會了解「出離說」（nekkhammakathā）——省察出離，心將不再著迷，並尋找出路。不著迷是來自了解色、味、愛、憎的實相，意味著不再渴望貪取或執著事物，從貪取撤退到一個可安住的地方，以無貪的平等心來觀察。這就是從修行當中生起的平靜。

定

【第八章】「法」的戰爭

以「法」為武器
和貪、瞋、痴戰鬥

　　和貪、瞋、痴戰鬥——它們都是敵人。在佛教或佛道的修行中，我們是以「法」與安忍為武器，藉助它們來戰鬥，此作戰是為了對抗我們無數的情緒。

　　「法」與世間相互關連，有「法」的地方就有世間，有世間的地方就有「法」。有煩惱的地方，就有戰勝煩惱的人，以及和它們戰鬥的人，這稱為「內在的戰爭」。

　　外在的戰爭，人們丟炸彈與開槍，他們征服別人或被別人征服。征服別人是世間的方式，修行佛法不是和別人作戰，而是要戰勝自己的心，耐心地忍受與對抗情緒。

　　修行佛法時，我們心中並無瞋恨或敵意，而是放下行為與思想中的各種瞋恚①，讓自己沒有嫉妒、瞋怒與怨恨。仇恨只能藉由不記仇與不懷恨才能克服。

　　瞋恨與嫉妒只會帶來怨恨。若我們能讓造成傷害的行為終止與結束，就無須再報之以仇恨與敵意，而只會將那些行為視為

定

「業」②。

　「怨恨」是指心中持續對那行為衍生進一步的想法：「你這樣對我，我一定要以牙還牙！」這將會沒完沒了。它只會導致彼此持續找機會報復，仇恨永遠無法停止。只要我們如此做，這個結就永遠無法解開，世仇也將繼續延伸下去。

　佛陀就是如此教導世人，完全出於對一切眾生的慈悲，但這世界仍是紛擾與戰爭不斷。智者應深入觀察這點，選擇那些有真實價值的行為模式。身為王子，佛陀曾接受各種戰鬥技巧的訓練，但他發現那些並非真的有用，它們只侷限於戰爭與侵略的世界。

戰勝自己
而非別人

　因此，在訓練我們這些出離世間——出家的比丘時，我們必須學習捨棄一切不善法，放棄所有會造成敵意的事物。我們戰勝自己，而非別人。我們只與煩惱戰鬥：若有貪，就和貪戰鬥；若有瞋，就和瞋戰鬥；若有痴，就努力打敗它。

　這就稱為「法的戰爭」。這場「心」的戰爭真的很難，事實上，它是最困難的一件事。出家就是為了思惟這點，學習戰勝

定

貪、瞋、痴的技巧，這是我們主要的任務。很少人如此戰鬥，大多數的人都是和別的事物戰鬥，很少和煩惱戰鬥，他們甚至很少看見它們。

佛陀教導我們斷惡與養善，這才是正道。接觸正道之後，我們必須學習，這意味著必須為一些困難預作準備，就如世間的學生一樣。學生們會發現，要獲得謀生的知識與學問頗為困難，一定要有耐心。當他們感到厭倦或疲憊時，必須強迫自己工作，唯有這樣才能畢業與得到工作。

比丘的修行也是如此，若我們下定決心修行與思惟，就一定能見道。

保持謙卑
放下自己的見解

「見慢」（diṭṭimāna）是個有害的東西。diṭṭi意指「見解」或「觀念」，各式各樣的見解都稱為diṭṭi，無論視善為惡，或視惡為善，這些都是「見」。有見解不是問題，問題在於執著那些見解，那就稱為「慢」（māna）──抓住那些見解，認為它們就是真理。這種執著將導致生死輪迴，永遠無法抵達「道」的終點，因此佛陀要我們放下各種見解。

定

在許多人共住的地方，如比丘住在寺院裡，若見解一致，他們便可能安心地修行；但見解若不一致，即使只有兩、三個比丘同住，也是會有困難。當我們保持謙卑，並放下自己的見解時，即使有許多人，我們還是能和合共住於佛、法、僧中。

我們許多人共住也可以是和諧的，只要看看馬陸③吧！馬陸有許多隻腳，不是嗎？你們認為牠走路會有困難嗎？一點也不，牠有自己的秩序與節奏。修行也是如此，若我們能像佛陀時代的聖僧伽一樣修行，事情就簡單了。

換句話說，就是成為「善行道者」（supaṭipanna）——善於修行的人、「正直行道者」（ujupaṭipanna）——直接而正確地修行的人、「真理行道者」（ñayapaṭipanna）——為超越苦而修行的人，以及「正當行道者」（sāmīcipaṭipanna）——適當地修行的人。④這四種建立在心中的特質，將讓我們成為僧伽的真實成員。

即使有成千上萬個人，我們都走在同一條道路上，雖然來自不同的背景，但都是相同的。我們的見解可能有差別，但若正確地修行，就不會有摩擦。就如同所有河川都流向大海，一旦進入大海，都是同一色、味。當我們進入佛法之流時，就是一法，雖然來處不同，但都能和樂融融。

定

但若有「見慢」，就會引生爭吵與衝突。因此，佛陀教導我們要放下己見，別讓「慢」執著不相干的見解。

若有正念
就能覺知自己生命的情況

佛陀教導正念的價值，無論行、住、坐、臥或身在何處，我們都應保持正念的力量。當保持正念時，我們就會看見自己，看見自己的心，會看見「身體裡的身體」與「心裡面的心」。若失去正念，便會毫無所知，無法覺知正在發生的事。

因此，正念非常重要。有了持續不斷的正念，我們隨時都能聽到佛陀的「法」。這是因為「眼見色」、「耳聞聲」、「鼻嗅香」、「舌嘗味」與「身覺觸」都是「法」，當意念在心中生起時，那也是「法」。

因此，不斷地保持正念的人，隨時都能聽到佛陀的教導，「法」一直都在那裡。

正念是憶持力，正知是自我覺醒，這覺醒是真正的「覺知者」——佛陀。

當有正念、正知時，理解會隨之而來，我們會覺知正在發生的事，當眼見色時，覺知它是否恰當？當耳聞聲時，覺知它是

否適當？覺知它是有害的嗎？它是錯的嗎？它是對的嗎？如此類推其他的感官。若我們能真正地了解，便隨時都能聽到「法」。

因此，讓我們都了解到，此刻正在「法」中學習！無論向前或後退，都會遇見「法」——若我們擁有正念，一切都是「法」。甚至看動物在森林裡遊蕩，我們也會了解自己就和動物一樣，牠們也和人一樣，希望能離苦得樂。牠們避開不喜歡的，且和人一樣怕死。

若省思到這點，我們就會了解，世上的一切眾生在各種本能上都是相同的。如此的思惟就稱為「修習」（bhāvanā）——如實地了解，了解一切眾生在生、老、病、死上都是同伴。

因此，我們必須擁有正念。若擁有正念，就會了解內心的狀態，無論思考或感受到什麼，都必須覺知它，這種覺醒即稱為「Buddho」、「佛」、「覺知者」——徹底、清楚與完全覺知的人。

當心完全覺知時，我們就找到了正確的修行。若你五分鐘失去正念，你就是瘋狂了五分鐘，茫茫然地過了五分鐘。擁有正念就是覺知自己，覺知心與生命的情況，擁有了解與洞察力，時時刻刻都在聆聽法音。

每天
都一定要修行

因此，每天都一定要修行。無論是感到懶散或勤奮，只管修行。不要只在心情好時修行。若你是跟著心情修行，那就不是「法」。不論晝夜，或心是否平靜，都沒關係，只管修行。

這就猶如小孩子學寫字，起初寫得不好——又大、又歪七扭八，過一陣子後，書寫就進步了。修行佛法就像這樣，起初很笨拙，有時平靜，有時不平靜——你並不真的知道什麼是什麼。有些人會感到很灰心，此時，千萬別鬆懈！你必須堅持修下去，持續不斷地精進，就如小學生一樣，隨著逐漸成長，字也會寫得愈來愈好。他們開始時寫得很差，但是不久後就愈寫愈漂亮了，那都是因為童年時練習的結果。

我們的修行也是如此。嘗試於行、住、坐、臥等一切時中保持正念，當順利執行各項工作時，就會擁有心靈的平靜。工作時若有心靈的平靜，就比較容易擁有平靜的禪修，它們是同時發生的。因此，請精進修行，這就是訓練。

【注釋】

①瞋恚包括各種程度的反感、惡念、生氣、煩躁、惱怒、怨恨，其特相是凶惡殘

暴，現起的狀態是毀壞身心或自己與他人的福祉。

②業 (kamma)：意指「造作」，是由身、語、意所造作的行為、所作、行動、作用、意志等身心活動。若與因果關係結合，則指由過去行為延續下來所形成的力量。

③馬陸：俗稱千足蟲，屬於多足類動物，是一種類似軟體蟲的小動物，身體多節，每節有兩對足。

④《增支部》說：「若欲修習僧隨念的人，當獨居靜處，隨念如是聖僧伽的功德：『世尊的聲聞眾是善行道的，世尊的聲聞眾是正直行道的，世尊的聲聞眾是真理行道的，世尊的聲聞眾是正當行道的。即四雙八輩的世尊的聲聞眾，是可供養者、可供奉者、可施者、可合掌者，為世間無上的福田。』」

定

【第九章】只管做它！

吸進、呼出，就像這樣持續下去！即使有人頭上腳下倒立，也別在意。只要持續將注意力放在入息與出息上。專注覺知呼吸，只管持續做它。

別管其他事，別想得到什麼東西，什麼都不要管，只要覺知入息與出息。入息與出息，入息時 Bud-，出息時 -dho。如此專注於呼吸，直到你覺知入息與出息……覺知入息……覺知出息。如此保持覺知，直到心平靜下來，沒有擾動與不安，只有呼吸的出與進。讓心維持在這樣的狀態，你還不需要一個目標。這是修行的第一個階段。

行、住、坐、臥
都要保持覺知

若心是自在與平靜的，它會自然地覺知。當你持續這個狀態時，呼吸會變得愈來愈微細，不只身體變柔軟，心也變柔軟了，那是種自然的過程。你既不覺得單調，也不會昏沈、打瞌睡，只是舒適地坐著，心無論做什麼都很自在，平靜不動。然後當出定時，你對自己說：「哇，那是什麼？」你回想剛才所

定

經歷的平靜，且永遠不會忘記。

跟隨我們的是正念與正知的力量，無論或說或做什麼，或去哪裡，托缽、吃飯或洗缽，都要清楚地覺知這一切。持續保持正念，跟著心走。

當你修習行禪①時，選擇一條步道，例如從一棵樹到另一棵，大約五十呎長。行禪和坐禪一樣，集中注意力：「現在，我將專精於此，以強固的正念與正知，讓心平靜。」專注的所緣因人而異，找出最適合你的。

有些人練習對眾生散播慈心，從右腳開始，以正常的步伐行走，走路時配合念Bud-dho，持續對那所緣保持覺知。若心變得不安，就停下腳步，讓心安定後再繼續走路。持續自我覺知，覺知「道」的開始和每個階段，包括它的初、中、後段，讓這個覺知持續不斷。

行禪的意思即來回走動。這並不容易，有些人看見我們這樣走，以為我們瘋了，他們不了解行禪能產生大智慧。來回地走，若累了就站住，保持心不動。專注於讓呼吸順暢，當它相當順暢時，再次將注意力放在走路上。

姿勢自己會變，它們在行、住、坐、臥之間變換，不可能永遠都只是坐著、站著或躺著。我們必須將時間花在不同的姿勢

定

上，讓四種姿勢都變成有益的，只管持續地做它，不過這並不
容易。

專心看呼吸
不要讓心溜走

這裡有個想像它的好方法。拿個玻璃杯，將它放在桌上兩分
鐘。當時間到了，就把玻璃杯移到桌子另一處，放兩分鐘。然
後再把它放回原來的地方，也是兩分鐘。

持續如此反覆地做，直到你開始痛苦，直到你懷疑，直到智
慧生起：「我到底在做什麼，像個瘋子一樣來回移動杯子？」
心會用它習慣的方式思考。不要管別人如何說，只要持續移動
杯子，每兩分鐘，好嗎？——不要做白日夢，兩分鐘而非五分
鐘。兩分鐘一到，就把它移回來。專注於此，這是行動的問
題。

觀察入息與出息也是如此。將你的右腿放在左腿上而端坐，
吸滿空氣直到不能再吸為止，當入息完成時，接著就吐氣，直
到肺部淨空為止。

不要強迫它，無論呼吸是長或短或柔軟都無妨，只要適合你
就好。坐著看入息與出息，讓自己保持舒適。不要讓心溜走，

若它溜走就停止，看它究竟跑去哪裡，為何未跟著呼吸，找到它後將它帶回，讓它和呼吸待在一起。毫無疑問地，有天你一定會看到結果。

只管持續地做它，就如你毫無所獲，或如不曾發生任何事，或如不知是誰在做，無論如何持續地做就對了。就像你拿出穀倉裡的稻子撒到田裡，猶如丟掉它一般，將種子撒滿整片田地，你對它毫不在意，然而，當時間一到，它就會發芽成長，你再移植它，最後終於獲得香甜的青糯米飯。它就是這麼一回事。

禪修也是如此，只要坐在那裡。有時你可能會想：「我為何要如此專心地看呼吸？即使我不注意它，它還是會持續地進與出啊！」

嗯，你總是會找到一些事來想，那是種固執己見的心。忘了它！繼續努力讓心平靜下來。

不管生起什麼感覺
只要看著它

一旦心平靜，呼吸就會慢下來，身體會放鬆，心也會變得愈來愈微細。它們會處於一種平衡的狀態，直到似乎沒有了呼

吸，然而你完全沒事，還是活得好好的。當達到這點時，不要驚慌，不要以為已停止呼吸而起身離開。那表示你的心是平靜的，無須做任何事，只要坐著專注於當下就好。

有時你可能會質疑：「咦？我在呼吸嗎？」這也是犯了同樣的錯誤。那是思考的心。無論發生什麼事，都順其自然，不管所生起的是何種感覺，覺知它，看著它，但不要受到迷惑。持續做它，持續地做，經常做它。

進食之後，掛好袈裟便開始行禪，持續念Buddho……Buddho……，行禪時持續地專注於Buddho，直到所行的路徑都陷下去，無論是深及小腿或膝蓋，只管持續地走。

那不是得過且過的蹓躂，一路上胡思亂想，然後回到茅篷，看著睡覺的草蓆好像在向你招手！然後像頭豬一樣倒頭呼呼大睡。若你那麼做，那就絲毫也得不到修行的好處。

若是放棄
永遠也達不到平靜

持續地做它，直到不耐煩，然後就看那厭煩能持續多久，持續地看，直到厭煩結束。無論經驗到什麼，在解決它之前，都必須親自經歷過一遍。不是重複對自己念誦「平靜、平靜、平

靜」，然後當坐下來時，平靜就會像打開開關一樣出現，否則你就放棄。若是如此，你永遠也達不到平靜。

知易行難，就如想還俗的比丘說：「種田對我來說，並不那麼困難，我還是回去當農夫好了！」他們對於乳牛與水牛、耙與犁等事完全一無所知，就開始種田。他們將發現談到種田，聽起來好像很容易，但當實際去嘗試時，才知道有多麼困難。

每個人都會想以那樣的方式得到平靜。事實上，平靜確實已在那裡，只是你還不認識它而已。你可以跟在它後面，盡情地談論它，但並不知道它是什麼。

因此，去做它，跟著它，直到你覺知，與呼吸一致，以念Bud-dho的方式專注於呼吸。這樣就夠了，不要讓心遊蕩到其他地方，當下覺知，就這麼做。只要學這個，以此方式持續地做。若你開始想「什麼也沒發生」，別理它，只管繼續做。只要堅持做下去，最後你一定能覺知呼吸。

好了，試試看吧！若你這麼打坐，心抓到竅門後，就會進入最佳狀態，一種「恰到好處」的狀態。當心靜下來，正知自然會生起，然後就可以輕而易舉地徹夜打坐，因為心正在享受它自己。當達到這種境界時，你可能會想為朋友們說法，讓他們也能同沾法喜，有時確實會這樣。

定

就拿老沙彌桑 (Por Sang) 為例，有晚他行禪過後，開始打坐，他的心變得光明與澄澈，他想說法，且無法停止。我聽到有人在竹林那裡大聲開示的聲音，我心想：「是有人在說法，或是有人在抱怨什麼事？」它並未停止。因此我拿起手電筒，走到那裡瞧瞧。沒錯，在竹林裡，在燈籠的照射下盤腿打坐的正是桑，他說話的速度非常快，我完全跟不上。

因此我對他喊道：「桑，你瘋了嗎？」

他說：「不知道怎麼一回事，我就是想說法。禪坐時，我忍不住要說法，行禪時也一樣，我時時刻刻都忍不住要說法，不知它何時才會停止！」

我心想，當人們在修行時，各種想像不到的事情都可能會發生。

持續精進
不要放縱情緒

因此持續做它，不要停止。不要放縱情緒，要對抗習氣，無論你感到懶散或勤奮，不管坐著或走路，都要修行。當躺下來，專注於呼吸並告訴自己：「我不會耽溺在躺著的舒適中。」如此教導你的心。只要一清醒，立即起來，繼續精進。

吃飯時，告訴自己：「我不因渴愛而食，只是當成醫藥，以便有足夠的精力能繼續修行。」

入睡前、進食前，都要如此警惕自己，經常保持這樣的態度。當準備站起來時，清楚地覺知它；準備躺下來時，也要清楚地覺知它。無論做什麼，都要保持覺醒。當躺下來時，右脅臥並注意呼吸，念Buddho直到睡著。然後，醒來時，佛號就像一直都在那裡一樣，並未間斷。隨時保持正念，平靜才會生起。別看別人，別管別人的閒事，只要注意自己。

當坐禪時，要坐挺直，頭不要前傾或後仰。就如佛像一樣，要保持一種「恰到好處」的平衡姿勢，然後心就會變得光明與清晰。

疼痛自行生起
也會自行消失

在改變姿勢前，要儘可能地忍耐。若感到痛，就讓它痛，不要急著改變姿勢，不要對自己說：「哦！我受不了了，我最好休息一下。」耐心地承受，直到疼痛無以復加，此時再多忍耐一會兒。

忍耐再忍耐，直到無法念佛，然後就以痛處作為所緣。

「哦！痛、痛、真痛！」讓疼痛取代佛號，成為禪修的所緣，並持續注意它，繼續打坐。當疼痛達到極限時，看看會發生什麼事。

佛陀說疼痛自行生起，也會自行消失。讓它死去，別放棄！有時你可能會突然冒汗，斗大的汗珠像玉米粒一般流到胸膛。但若撐過疼痛的感覺，你就會知道那是怎麼一回事了。持續做它，但也別太逞強，只要持續穩定地修行即可。

吃飯、睡覺都要清清楚楚

當在吃飯時也要保持覺知，咀嚼、吞下，然後它跑到哪裡去了？哪些食物適合或不適合你，你都要清清楚楚。飲食要知量，吃飯時持續觀察，估計再吃五口就會飽時便停止，喝一些水，那食量就是最恰當的。而後無論坐禪或行禪，你都不會感到沈重，你的禪修將會進步。

試試看，看你能否辦得到。不過通常我們不是如此做，當感到飽足時，會再多吃五口。這是我們無始的貪欲與執著，與佛陀的教法相違背，會讓我們愈陷愈深。若非真心想修行，你就不可能辦到。持續觀察你的心。

定

睡覺時也要警惕，你必須有方法才能保持清明。你們睡眠的時間或許會有不同——有時早睡，有時晚睡。但試著如此練習：無論何時入睡，都只睡一回。只要一清醒，便立刻起身，不要再睡回籠覺。

無論睡多久，都只睡一回，一醒來就下定決心，即使還未睡飽，都得起身、洗臉，然後開始行禪或坐禪，我們應如此訓練自己。你不可能只聽別人說便知悉這一切，必須從實際的修行中去了解，因此我告訴你們要修行。

屏住呼吸
心會乖乖回來

修心是困難的。當坐禪時，讓心只有一個所緣，讓它停留在入息與出息上，如此心才會慢慢平靜下來。若心是混亂的，它會有許多所緣。當坐禪時，會想家嗎？有些人會想吃麵，剛出家的人肚子經常會很餓。②你想吃、想喝，想念各種食物，心都快瘋了。若事情是如此，就隨它去，當你克服它時，它就會消失。

只管做它！你曾練習過行禪嗎，感覺如何？妄想紛飛嗎？果真如此，立即停下腳步，直到心回來為止。若心經常出走，就

停止呼吸，屏住呼吸，直到肺好像快爆炸為止，它自己就會回來。無論情況有多糟，若它四處亂跑，就屏氣凝神，當肺快爆炸時，心就會回來。

你必須加強心力，訓練心和訓練動物不同，心真的很難訓練，別輕易放棄。若你屏住呼吸，就無法再想任何事，心自己會乖乖地回來。

均衡持續地練習
正念將不間斷生起

那就如瓶中的水，當慢慢地倒出來時，水會滴出來——滴滴……答答……。但當我們將瓶子更傾斜時，水則會持續傾瀉而出。正念就像這樣，若我們加速精進，以均衡而持續的方式練習，正念將像水流一樣無間地流出。無論行、住、坐、臥，覺知都不會間斷，像河水一樣川流不息。

我們心的訓練就像如此。在片刻的正念後，又會再度胡思亂想，它是不安的，而正念也無法持續。但無論它想些什麼，都別在意，只管持續精進。它會像水滴一樣，愈來愈頻繁，終至匯聚成一條水流。屆時覺知就會無所不在，無論行、住、坐、臥，不管你做什麼，覺知都會照顧你。

就從現在開始，試試看，但不要急。若你只是坐在那裡等著看好戲，那麼你就是在浪費自己的時間。因此要小心。若太勉強，你不會成功；但你若完全不肯嘗試，也同樣不會成功。

【注釋】

①行禪（caṅkama）：即是在行走時修習禪定，禪修者選擇一條步道，來回緩步慢行，這種修法能發展覺知的平衡性、準確性與專注的持久性。它是由注意走路的每個步驟所組成，通常分成六個步驟：（一）舉起腳；（二）伸出腳；（三）腳向前移；（四）腳向下放；（五）腳踏在地面；（六）腳向地面壓下，以便接著跨出第二步。

②在阿姜查的傳統裡比丘與八戒女一天只吃一餐，在早晨托鉢回來之後。

【第十章】正確的修行──穩定的修行

切記！這個修行是困難的。

心是重要的東西，但訓練它很難。這身心系統裡的每樣事物都匯集到這顆心，眼、耳、鼻、舌、身都接收感覺，然後將它們傳送到心，它是其他一切感官的監督者。若心受到好的訓練，所有問題都將迎刃而解。若還有問題，那是因為心仍有疑惑，無法如實地覺知事物。

「法」圓滿無缺
不圓滿的是我們的修行

了解這點，你們就已完全做好修行佛法的準備。無論行、住、坐、臥，或身在何處，修行所需的工具都已備妥。像「法」一樣，它們就在那裡。「法」無所不在，就在這裡、陸上或水中，無論何處，一直都存在。「法」圓滿無缺，不圓滿的是我們的修行。

圓滿覺悟的世尊教導一個方法，所有的人都可藉由它修行並了解「法」。它不是什麼大不了的事，就只是那件事的實相。例如看看頭髮，只要知道其中一根，便會知道每一根，包括自

定

己與別人的。我們知道頭髮就只是「頭髮」，藉由了解一根頭髮，我們便能知道全部。

或者想想人，若我們了解自身因緣的真實本質，就知道世上其他所有人，因每個人都是相同的。「法」就是如此，它雖然是件小事，不過卻很大。藉由了解其中一個因緣的實相，我們便了解它們全體的實相。

心只是自然的因緣 就如森林裡的一棵樹

然而，訓練是困難的，之所以困難是因為渴愛。若你不「想要」，就不會修行，若是出於渴愛而修行，便見不到「法」。仔細想想，若你不想修行，就無法修行。首先你必須想修行，如此才能真的去做它。無論前進或後退，都會碰到欲望，所以從前的禪修者會說修行是件非常困難的事。由於欲望，你見不到「法」，有時欲望很強，想立刻見「法」，但它卻與你的心不相應——心還不是「法」。

緣於欲望，所以修行是困難與艱辛的。當我們坐禪時，想要獲得平靜，若不想就不會坐下來修行。當坐禪時，就想得到平靜，但如此想時，卻反而會造成困擾，讓我們感到不安，事情

定

就是如此。因此，佛陀說：「別因欲望而說，別因欲望而坐，也別因欲望而行。無論做什麼，都別帶著欲望去做。」

欲望就是渴愛，若你不想做某件事，將不會去做它。若修行陷入這瓶頸，就會感到很沮喪，如何可能修行呢？我們一坐下來，心中便有欲望。

事實上，這顆心只是自然的一個因緣，就如森林裡的一棵樹。若你想要木板，它必得來自樹，但樹就是樹，並非木板。在它真的能為人所用之前，必須先找到樹，將它鋸成木板。它原本只是一棵樹，是自然的一個因緣，對需要木材的人而言，它的原始狀態並沒有用處。

心就像如此，它是自然的因緣，本身便具備認知思想與分別美醜等的潛力。

若不修行
就不會知道「法」

心必須接受進一步的訓練，我們不能就讓它如此。它是自然的因緣，但我們必須訓練它，才會了解它是自然的一個因緣，必須改進自然，以使它適合我們的需要，那就是「法」。「法」是必須被修行，並帶至內心的某樣東西。

若不修行，就不會知道「法」。你無法藉由讀書或研究知道它，或即使你知道，這知識也是不完整的。例如這個痰盂，每個人都知道它是痰盂，但並未完全「了知」它。

為何並未完全了知？若我稱「痰盂」為「鍋子」，你會怎麼說？假設每次我都說：「請將那只鍋子拿過來。」那會困擾你，為什麼？因你並未完全了知它。若知道後就不會有問題，你只會拿起那個東西，然後將它遞給我，因為事實上根本沒有痰盂。

你了解嗎？它之所以稱為「痰盂」是由於世俗的慣例，它為世人所接受，因此它是個痰盂，但根本沒有什麼真實不變的「痰盂」。若有人想稱它為「鍋子」，它就是只鍋子。

無論你想叫它什麼都可以，這種世俗的慣例就稱為「概念」。若我們完全覺知痰盂，即使有人稱它為「鍋子」也不會有問題。無論別人稱它什麼，我們都不會受到影響，因為了解它的真實本質。了解這點的人，就是了知「法」的人。

帶著欲望修行
便是渴愛

現在回到自己身上。假設有人對你說「你瘋了」或「你很

定

笨」，那可能是戲謔的話，但你仍會感到不舒服。事情會變麻煩，都是因為我們有野心，想擁有或達成某事。因為這些欲望，以及無法如實了知，我們才會不滿足。若我們了知「法」，貪、瞋、痴便會消失。一旦了解事物的實相，我們就不會再戀棧它們。

若身與心都不是「我」，也不是「我的」，那麼它們到底屬於誰？要解決這些問題很難，我們必須依賴智慧。佛陀說必須練習「放下」。很難了解「放下」的練習，不是嗎？若放下，就不必修行，對嗎？因為已經放下了呀！

假設你去市場買椰子，當帶著它們回來時，有人問你為何要買它們。

「我買來吃啊！」你說。

「難道你要連殼一起吃嗎？不，我不相信！若你不打算吃殼，那麼你為何連它們也一起買回來？」

你會如何回答？

我們帶著欲望修行。若無欲望就不會修行，帶著欲望修行是渴愛。如此思惟將能帶來智慧，你知道嗎？例如椰子，你當然不打算吃殼，那麼為何要帶回它們？因為拋棄它們的時刻還未到呀！它們具有包裹椰子的作用。若吃完椰子後再扔掉殼，就

定

沒有問題了。

專注
並非把自己綁在結裡

我們的修行就像如此。當佛陀教導不要依欲而做、依欲而說、依欲而食，以及依欲而行、住、坐、臥時，是指我們應以離染的態度做這些事。

就如從市場買回椰子，我們並不打算吃它的殼，但也還未到拋棄它們的時候。椰子的汁、皮與殼是一體的，買時是整個一起買。若有人想指責我們吃椰子殼，那是他們的事，我們知道自己在做什麼。修行就是如此，如椰子般，概念與解脫①共同存在。

智慧必須靠每個人自己去尋找。要獲得它，必須不疾不徐地前進。不過，我們往往都太急了，一開始就急著到達終點，不想落後，而想要成功。

有些人在準備禪修時太過激進，他們點燃一支香，頂禮並發誓：「縱使我倒下或死掉，無論如何，只要這支香未燒完，就絕不起座。我誓死坐到底！」然後開始坐禪，但很快魔羅便從四面八方來襲。他們才坐一會兒，便覺得香應該已燒完了，於

是睜眼偷瞄，「哇，還早得很呢！」

他們咬緊牙根，又多坐了一會兒，感到燥熱、緊張、不安與困惑。到了最後關頭，他們心想：「現在應該差不多快結束了。」於是又偷看了一眼，「天啊，還不到一半呢！」

三番兩次地偷看，香仍未燒完。於是乾脆放棄，停下來坐在那裡自怨自艾：「我真笨，簡直毫無希望！」這就稱為瞋恚蓋。他們不能怪別人，因此便責怪自己。為何會這樣？都因為渴愛的緣故。

事實上，無須經歷這一切。專注的意思是指以不執著之心專注，而非把自己綁在結裡。

穩定修行
才是重點

但我們可能讀過經典，看到佛陀如何在菩提樹下發願：「若未達正等正覺，即使血肉枯竭，我也誓不起座。」在書本上讀到這一段，你可能會想自己試一試，效法佛陀的作法。但你並未想到自己的車只是台小車，而佛陀的則是大車，因此可以一路走到底。憑著你那台小車，如何可能一次就到達目標？那根本無法相提並論。

我們為何會那樣想？因我們太極端了。有時走得太慢，有時又走得太快，平衡點是如此地難以掌握。

　　我完全是根據自身的經驗來談，過去我的修行就是如此。為了超越渴愛而修行……，若我們不渴望，會修行嗎？但以渴愛修行卻是痛苦的，我被困住了，進退兩難。然後了解到穩定的修行才是重點，修行必須連貫，他們稱這種修行為「在一切姿勢中保持一致」。

　　持續鍛鍊修行，別讓它成為災難，修行是一回事，災難則是另一回事。多數人通常都是在製造災難，當懶散時，就不願費心去修行，只有在感到充滿活力時，才會修行。我過去就是如此。

　　只有當你覺得喜歡它時才修行，這樣對嗎？那與「法」相應嗎？它符合佛陀的教導嗎？無論你是否喜歡，都應該修行，這才是佛陀的教導。多數人都只等心情好時才修行，當感覺不喜歡時，就意興闌珊，這叫災難，而非修行。

　　在真正的修行中，不管快樂或沮喪、容易或困難、炎熱或寒冷，你都得去做。在行、住、坐、臥中穩定地修行，讓正念在一切姿勢中保持一貫。

定

行、住、坐、臥
持續保持正念

　　起初我囿於「一致」的字面意義，認為站著應和走路的時間一樣長，走路應和坐著的時間一樣長，坐著又應和躺著的時間一樣長。我嘗試這麼做，但辦不到。

　　若禪修者要讓行、住、坐、臥的時間都一致，能維持多久呢？站五分鐘，坐五分鐘，躺五分鐘……我無法一直如此做，因此坐下來進一步想：「那到底是什麼意思？這世上根本沒有人能那樣修行！」

　　然後我領悟到：「哦，那是不對的！它不對，因為那是不可能的。書中對於讓各種姿勢一致的解釋，是不可能的。」

　　但只要考慮心，便可能做到這樣。持有正念、正知與智慧──這是你能做到的，這是真正值得練習的事。無論行、住、坐、臥，我們都一貫地保持正念，這是可能的。我們要對行、住、坐、臥等一切姿勢，持續地保持覺知。

　　心受到如此訓練時，就能持續地憶念佛：Buddho、Buddho……，那就是覺知。覺知什麼？隨時覺知什麼是對或錯。是的，這是可能的，這是真正修行的開始：無論行、住、坐、臥，都持續保持正念。

定

只要還無法放下
就必須不斷努力

其次，你應了解那些應該捨棄或培養的情況。你覺知快樂，也覺知不快樂。當覺知快樂與不快樂時，心就能在遠離兩端之間安住。快樂是鬆弛之道——耽著欲樂；不快樂則是緊繃之道——耽著苦行。②

若知道這兩種極端，則心即使偏向任何一端，都能再將它拉回來。當心偏向快樂或不快樂時，立即覺知，並將它拉回來，不讓它傾向於任何一邊。我們謹守著覺知，不讓心跟隨著習氣走。

跟著習氣走很簡單，不是嗎？但正是由於這簡單，而帶來痛苦，就如不肯費心種植與照顧作物的農夫。他喜歡輕鬆，等到要吃飯時，卻什麼也沒得吃，事情就是如此。過去我曾質疑許多佛陀的教導，但都無法撼動它們。因此我便接受那些教導，並以之訓練自己與別人。

修行的重點是「行道」③。什麼是「行道」呢？它只是我們行、住、坐、臥等各種活動，這是身體的「行道」。

至於心的「行道」是：在今天的行程中，你感受到情緒幾次低潮？幾次高昂？有任何值得注意的感覺嗎？必須如此覺知自

己。看見那些感覺後，能放下嗎？只要我們還無法放下，就必
須不斷努力。當了解到自己仍無法放下某些特定的感覺時，就
必須以智慧檢視。

當死亡靠近時都不修行
何時才會修行呢？

不斷地做，這就是修行。例如當充滿熱情時，修行；當倦怠
時，試著繼續修行。若無法以全速繼續，至少也要以半速前
進。不要浪費時間在懶惰上，不修行只會帶來災難，那不是修
行者的方式。

現在我聽過有人說：「哦！今年我真是倒楣透了。我病了一
整年，完全無法修行。」

咦？若當死亡靠近時都不修行，何時才會修行呢？若他們感
覺很好，你認為他們會修行嗎？不，他們會迷失在快樂中。若
感到痛苦，他們也不會修行，一樣會迷失於其中。

我不知道人們何時才會想要修行！他們只看得到自己病了在
受苦，發燒到幾乎快死了……。沒錯，的確很沈重，但這也正
是修行之所在。當感到快樂時，人們會樂不思蜀，而忘了自己
的處境。

定

好壞、善惡
只能往心裡去看

　　我的訓練生涯中有段時間，大約在我修行五年之後，那時覺得和別人共住是種妨礙。我坐在茅篷中想要禪修，人們時常會來聊天並干擾我。我受夠了，因此前往森林中一座荒廢的小寺院居住，鄰近一個小村莊。我獨自待在那裡，整日禁語，因為根本沒有說話的對象。

　　大約待了十五天後，我生起一個想法：「嗯！若有個沙彌或白衣④和我在一起就好了，他能幫我處理一些雜務。」我早就知道會出現這種想法，果不其然！

　　「嘿！你真奇怪！」我對自己說，「你說受夠了朋友，受夠了同住的比丘與沙彌，現在又想要個沙彌，這算什麼？」

　　「不，」有個聲音回答，「我想要一個『好』沙彌。」

　　「那些好人都在哪裡呢？你能找到任何一個嗎？你打算去哪裡找呢？整個寺院裡只有不好的人。你一定是其中唯一的好人，才會想逃離那裡！」

　　你必須持續追蹤思緒，直到你了解為止。

　　「嗯！那是個好問題。要去哪裡找個好人呢？若外面沒有好人，你就必須往自己心裡去找好人。」

除了自己心裡，其他地方你都找不到好人。若你是好的，則無論到哪裡都是好的。無論別人批評或稱讚你，你都是好的。若你不好，則當別人批評時就會生氣，稱讚時就會高興。

我反省到這一點，並始終認為它是對的。「好」一定只能往心裡找。當了解這點時，那個想逃的感覺就消失了。之後，每次那個感覺生起，我就覺知它，並放下它。無論住在哪裡，每次人們責罵或稱讚我，我都會反省，關鍵不在他們說的是好或壞，善或惡一定只能往心裡去看。其他人覺得如何，那是他們的事。

好與壞
都會咬人

不要想：「今天太熱」、「它太冷」、「它……」，無論天氣如何，它就是那樣，埋怨天氣只是懶惰的投射。我們必須了解內在的「法」，那才會有種比較確定的平靜。

當你在禪修中感到平靜時，不要急著為自己慶祝。同樣地，若有疑惑，也別責怪自己。若事情看起來不錯，別沾沾自喜；若情況不好，也別悶悶不樂。只要看著它就好，看看有些什麼，不要妄加評斷。若是好的，別執著它；若它不好，也不要

排斥它。好與壞都會咬人，因此別抓著它們不放。

　　修行就只是坐下來仔細看。好心情與壞心情都依著它們的本質來了又去，不要一味地稱讚心或責怪它。該慶祝時就慶祝，但只要一點點，不要過度。就像教小孩，有時可能必須稍微管教他，有時也許必須懲罰一下自己，但也不要經常懲罰自己。若你那麼做，最後只會放棄修行。

不要以為
修行就是閉眼打坐

　　不要以為修行就是閉眼打坐。若你是那麼想，改變它！穩定地修行是在行、住、坐、臥時，都保持修行的態度。當結束坐禪時，不要以為禪修就此結束，應思惟這只是改變姿勢而已。若如此思惟，就會有平靜。無論你身在何處，內心都會有穩定的覺知。

　　若你放縱情緒，一整天都讓心恣意遊蕩，下次坐禪時，得到的將是一天下來，漫無目標思考的殘留印象。平靜根本無從生起，因為你已讓它冷卻了一整天。若如此修行，心會離修行愈來愈遠。

　　有時我問弟子們禪修進展如何，他們說：「哦，現在都沒

了！」你了解嗎？他們也許可以保持一個月左右，但是一、兩年之後，一切就都煙消雲散了。

為何會這樣？因為在修行中未掌握到這個要點。他們一結束坐禪，就放棄定，坐禪的時間開始變得愈來愈短，直到只要一坐下來就想結束，最後甚至不想坐禪。

拜佛的情況也是如此，起初他們每晚臨睡前都會虔誠地禮拜，但過了一陣子後，開始分心，很快就完全不想禮拜了，只是匆匆點個頭，最後連點頭都免了。他們將修行完全拋到九霄雲外去了。

正確的修行
就是穩定的修行

因此，你應該了解正念——不斷地修行。正確的修行就是穩定的修行，無論行、住、坐、臥，修行都必須持續。這意味著修行或禪修，是在心中而非身體進行。若心充滿熱忱，那麼就會有覺知。

正確地了解後，就能正確地修行。當正確地修行時，就不會誤入歧途，即使只做一點點，那都很好。例如當結束坐禪時，提醒自己禪修並未結束，只是改變姿勢而已，心還是鎮定的。

無論行、住、坐、臥，都保持正念，若有這種覺知，就能維持內在的修行。到了晚上再次坐禪時，修行仍然持續無間。你的精進毫不間斷，讓心能安然入定。

有些人禪修時，由於未得到預期的東西而放棄，推說福報不夠無法修禪。世人就是如此，他們都站在煩惱那一邊。

任何感覺
都是不確定的

無論發生什麼事，都別讓心偏離正道，向內看，就會看清楚。依我看，最好的修行無須讀很多書，將所有的書都拿開，並鎖起來，只要讀自己的心。

打從進學校開始，你們就埋首於書本中，我認為現在你們有這機會與時間是很難得的，將書本收到櫥櫃裡，並把門鎖上，只要讀你的心。每次內心生起什麼事，無論喜歡與否，無論看起來是對或錯，都只要以「這是不確定的事」斬斷它。無論生起什麼，都只要斬斷它。

「不確定」真的是一種重要的修行，它能修慧。你愈深入觀察，愈了解不確定性。在你根據「不確定」斬斷它後，它可能會縈繞不去，並再度出現──但確實它真的是「不確定」。無

論出現什麼，都只要把這標籤貼上去。

然後，你就會了解這相同的老面孔──渴愛的心，它打從你出生的那天起，就日復一日地愚弄你。你必須觀察它，並如實地了解它。

不被感覺愚弄就不會被世間愚弄

當修行達到這點時，你就不會執著任何感覺，因為它們都是不確定的。你們曾注意過嗎？也許看見一個時鐘，心想：「好棒。」買了它後，過幾天就感到厭煩。「這枝筆真的好漂亮！」──好到讓你買下它，幾個月後又厭倦它了。事情就是如此。它有任何持續性或確定性嗎？

若我們了解這些事都是不確定的，那麼它們錯誤的價值就會消退。所有事情都變得無關緊要。我們為何要執著毫無價值的東西呢？保留它們，就只是像保留一塊舊破布來擦腳一樣。我們要了解，所有感覺在價值上都相等，因為它們全都擁有相同的本質。

當了解感覺時，就了解世間。若不被感覺愚弄，就不會被世間愚弄。若不被世間愚弄，就不會被感覺愚弄。了解這點的

心，將會擁有堅固的智慧基礎。這樣的心不會有什麼問題，若真的有問題，也都可以解決。

當問題不再時，疑惑也就不再，取而代之生起的是平靜。若真的在修行，它就應該是如此。

【注釋】

①概念 (sammuti) 指的是世間共許的慣例或暫時的實相，而解脫 (vimmuti) 則是從貪著與煩惱中解脫，是究竟的實相。

②佛陀在初轉法輪中，即指出耽著欲樂與耽著苦行這兩端，是錯誤的道路。

③行道 (paṭipadā)：指修行之道。sammā paṭipadā 即是正道。

④白衣 (泰文 pah kow)：準備出家的持八戒者，通常和比丘們同住在一起，除了自己的禪修之外，也幫他們處理一些戒律禁止比丘做的事。例如，清理毛刷，或在人煙罕至的地區攜帶隔夜食物等。

定

【第十一章】正定──在活動中離染

智者持續修行
直到與「法」合一

　　想想佛陀，無論在他自己的修行或教導中，他都足以堪為楷範。佛陀教導我們將修行當作去除我慢的方法，他無法替我們修行。聽取那個教導，我們必須教導自己，親自去修行。結果會在這裡出現，而不在教導裡。

　　佛陀的教導讓我們能初步了解「法」，但「法」還不在我們心裡。為什麼？因為我們尚未修行，還未教導自己。「法」在修行中生起，你們透過修行覺知它；若懷疑它，就應在修行中懷疑它。

　　來自大師們的教導可能是真實的，但他們只是指出道路而已，要了解「法」，必須將教導納入心裡。針對身體的部分，就運用在身體上；針對語言的部分，就運用在言語上；針對心的部分，則運用在心上。這是指在聽完教導後，我們必須教導自己覺知「法」，並成為「法」。

　　佛陀曾說一味相信別人的人，並非真的智者。智者會持續修

行，直到與「法」合一，直到對自己具有完全的信心，不依賴別人為止。「信」可以有各種形式，有隨順「法」的「信」，也有背離「法」的「信」。第二種「信」是粗率與魯莽的了解，是邪見。

向內觀
不要向外看

以長爪 (dīghanakha) 婆羅門為例，他只相信自己，有次當佛陀在王舍城 (rājagaha) 停留時，長爪前去聞法，或可說他是去教導佛陀，因為他只想解釋自己的見解。

「我所持的見解是，沒有任何東西適合我。」長爪說。

佛陀回答：「婆羅門！你的這個見解也不適合你嗎？」

佛陀的回答令長爪為難，他不知該說什麼才好。佛陀以許多方式解釋，直到婆羅門了解為止：「嗯！我的這個見解是不正確的。」

聽完佛陀的解釋，婆羅門放棄慢見，並很快地見到實相。他當下立即改變，猶如翻掌。他如此稱讚佛陀的教導：「聆聽世尊的教導，我的心被點亮了，就如活在黑暗中的人見到光明，或如覆盆轉正，或如迷途者找到道路一樣。」

那時一種確切的了解在其內心生起，在已被轉正的心中生起。邪見消失，正見取而代之，黑暗消失，而光明出現。

佛陀宣稱，長爪婆羅門是已開法眼者。先前長爪執著自己的見解，無意改變它們，但當他聽到佛陀的教導時，心便見到實相，他了解自己對那些見解的執著是錯誤的。

我們必須以同樣的方式改變，在捨棄煩惱之前，必須先改變觀念。過去我們並未好好修行，雖然我們自認為是好的。現在，當真的深入觀察這件事時，我們將自己轉正，猶如翻掌。這意味著 Buddho——「覺知者」或智慧，在心中生起，並重新看事情。

原本「覺知者」並不存在，我們的認知是不清楚、不真實與不完整的，因為它太微弱而無法訓練心，後來心由於這覺知——智慧或洞見——而改變或翻轉，超越我們先前的覺知。

佛陀因此教導我們要向內觀——「引導的」①，不要向外看，或向外看，接著就向內觀，觀看其中的因與果。尋找一切事物的實相，因為外在與內在所緣一直都是相互影響的。

修行的目的就是要使覺知更加增強，這能引發智慧與洞見的生起，使我們能覺知心的活動、心的語言，以及一切煩惱的伎倆和手段。

定

捨棄
造成痛苦的因

當佛陀最初離家追尋解脫時，可能像我們一樣並不確定該如何做。他嘗試許多方式以開發智慧，他去參訪老師，例如阿羅邏迦蘭②，並和他們一起禪修……右腿放在左腿上，右手放在左手上……身體挺直……閉上雙眼……放下所有事情，直到他進入很深的禪定③為止。

但當出定時，舊想法又浮現，他依然執著它。看到這點，他知道智慧尚未生起，他的了解還無法通達實相，仍是不完全與有所欠缺的。他雖然已獲得某些了解，但都不究竟，因此便離開去尋找新的老師。

佛陀接著向鬱陀羅摩子④學習，並進入更高的禪定⑤，但當他出定後，對前妻頻婆 (Bimbā) ⑥與兒子羅睺羅 (Rāhula) 的回憶攫住了他，他仍有貪欲。深切省察後，他了解到自己還未達到目標，因此又離開老師。他已聆聽老師的教導，並全力以赴地遵從他們的教導，不過，他還是持續檢視修行的成果。

在嘗試過苦行後，他了解到將自己餓到骨瘦如柴只是身體的事，而身體什麼也不知道。耽著苦行就如處決無辜的人，而忽略真正的犯人。他了解到修行並不在於身體，而是在於心──

諸佛都是在心中覺悟。

身與心的狀態都是無常、苦與無我的，它們都只是自然的因緣，依賴支持元素而生起，存在而後就消失。一切生命，包括人在內，都習慣將生起當成自己，將存在當成自己，將消失當成自己，因而執著每樣東西。感受到快樂後，便不想要有痛苦，若痛苦真的生起，則希望它們儘快消失，但最好是完全不要生起。

那是因為他們將身心視為自己，或屬於自己，因此要求那些東西要順從自己的意願。佛陀了解這種思考正是造成痛苦的因，了解它之後，佛陀便捨棄它。

苦、苦因、苦滅與滅苦之道──人們就是因不了解這四聖諦才會沈淪。人們要克服疑惑，也要從此處下手。了解它們都只是色法與名法⑦，將有助於我們看清楚它們並非獨立不變的實體，並沒有「眾生」、「人」、「我」、「他」或「她」。這些組成生命的因緣，只會順從自然的法則。

修行就是要像這樣如實地覺知事物，我們不是它們的主人，無力控制它們，試圖控制它們只會造成痛苦，因為它們並非真的屬於我們所能控制的範疇。若如實覺知這點，就會看得很清楚。我們看見實相，並和它合而為一。這就有如看見一團火紅

的熱鐵在爐內加熱，它通體都是熱的，無論摸它的頂部、底部或側邊，它都是熱的，無論摸那裡，它都是熱的。你們應該如此看待事物。

以離染的心
去做每件事

通常剛開始修行時，我們想要獲得、達到、知道與看見，卻不知到底要達到或知道什麼。過去我有個弟子，修行深受懷疑與困惑所苦，但他仍持續修行，而我也持續指導他，直到他開始找到一些平靜為止。

但當他終於稍微平靜下來時，又再度陷入疑惑。「我接下來該怎麼做？」他問我。你瞧！困惑再次生起。他說想要平靜，但當得到之後，他卻又不想要它。他詢問接下來該怎麼做！

因此在修行中，應以離染的心去做每件事。我們藉由看清事物而離染，如實覺知身與心的特相。

修定時，我們將注意力固定在呼吸進出的鼻端或上唇。這固定注意力的動作稱為「尋」⑧，當將心「舉」起來，並固定在一個所緣上時，就稱為「伺」，即對鼻端呼吸的思惟。「伺」的特質會與其他心理感受自然地混合，此時我們可能會以為心

是不平靜的，它無法平靜，但事實上這只是由於「伺」與那些感受混合的緣故。若它在錯誤的方向上走得太遠，心就會失去安定，這時一定要重新整頓內心，以「尋」將心「舉」到專注的所緣上。當如此建立注意力時，「伺」就會接手，與各種心理感受混合在一起。

> 我的心為何徘徊？
> 它為何不靜止？

現在當我們看見它發生時，因為不了解而可能會質疑：「我的心為何徘徊？我希望它靜止，它為何不靜止？」這就是以執著之心在修行。

事實上，心只是依循它的本質，但我們卻沒事找事，想要它靜止，並質疑它為何靜不下來。然後反感生起，於是又將它加在其他每件事物上，增加自己的懷疑、痛苦和困惑。因此若有「伺」，就如此省察心裡發生的各種事，我們應明智地想：「啊！心就是如此。」瞧！那是「覺知者」在說話，告訴你要如實地看事物。

心就是如此，我們隨它那樣，心就會靜下來。當它不復集中時，就再拿出「尋」，它便很快地又安定下來。「尋」與「伺」

就這樣一起工作，我們以「伺」思惟各種生起的感覺，當它逐漸變得散亂時，便再次以「尋」將注意力「舉」起來。

這裡的重點是，此時的修行一定要以離染的心去做。看見「伺」與心理感受交互作用，可能會以為心是迷妄的，並開始對它反感。就在這裡，我們造成自己痛苦，我們不快樂只因希望心靜止。這是邪見，我們只要稍微改正見解，了解這活動只是心的本質，這樣就足以對治迷妄，這就稱為「放下」。

覺知心的本質
就能放下

現在，若我們不執著，練習在活動中離染與於離染中活動，則「伺」與其他感受的互動便自然會減少。若心不受打擾，「伺」就會自然傾向於思惟「法」，若我們不思惟「法」，心就會恢復散亂的狀態。

因此，有「尋」然後「伺」，「尋」然後「伺」，「尋」然後「伺」……，直到「伺」變得愈來愈微細為止。起初「伺」會如流水一樣到處跑，若被它迷惑而想要阻止它流動，自然會痛苦。若了解水的流動是它的本質，便不會有痛苦，「伺」就是如此。有「尋」，然後「伺」，與心理感受交互作用。我們可以

定

將這些感受當作禪修的所緣，藉由注意那些感受來安定心。

若能如此覺知心的本質，我們便能放下，就像讓水流過一樣。「伺」變得愈來愈微細。例如，心也許傾向於思惟身體、死亡或其他「法」的主題。當思惟主題是正確的時，愉悅的感覺就會生起。

那愉悅是什麼？是「喜」，它可能會呈現出毫毛豎立、清涼或輕安的形式，心是狂喜的。「喜」常伴隨著「樂」，各種感覺來來去去，以及「一境性」。

心變得愈微細
較粗的特質會被捨離

初禪中，有「尋」、「伺」、「喜」、「樂」與「一境性」。那麼第二禪如何呢？當心變得愈來愈微細時，「尋」與「伺」相對而言便顯得粗糙，因此它們被捨離，只留下「喜」、「樂」與「一境性」。這是心自己會做的事，我們無須妄加揣測，只要如實覺知即可。

當心變得更微細時，「喜」也會被捨離，只留下「樂」與「一境性」，那是我們會注意到的。「喜」去哪裡了呢？它哪兒也沒去，只是因心變得愈來愈微細，因此，較粗的特質就會被

定

捨離。只要是太粗的，就會被捨離，它持續捨離，直到達到微細的頂點，即經中所說的第四禪——最高階段的禪定為止。在此，心逐步捨離粗的心所，直到只剩下「一境性」與「捨」為止，再沒有別的東西了。

愈渴望安定 心所受的干擾就愈大

當心在修定的階段時，一定是如此進行，不過這只是讓我們了解修行的基本原則。我們想要讓心靜止，但它就是靜不下來，這是渴望安定的修行，其出發點是欲望。

心原來早已受到干擾，接著我們又藉由想要讓它安定來干擾它，這渴望正是造成干擾的原因。我們不了解這安定內心的渴望就是渴愛，我們愈渴望安定，心所受到的干擾就愈大，除非不再渴望，才能結束和自己的鬥爭。

若我們了解，心只是根據它的本質在表現，它很自然地會如此來去，對它若不過分感興趣，就能了解它的方式很像小孩子。小孩可能會亂說話，若我們了解，就會讓他們說，小孩自然會像這樣說話，因為他們不懂事。當我們放下時，就不會受他們打擾，而能在小孩喋喋不休與玩耍時，不受干擾地和客人

說話。心就像這樣，它並無害，除非我們執著它，並被它所迷惑。那才是麻煩真正的起因。

當「喜」生起時，人們會感到一種莫名的快樂，只有那些曾體驗過它的人才可能領會，「樂」與「一境性」都會生起。有「尋」、「伺」、「喜」、「樂」與「一境性」，這五種特質都匯聚於一處，雖然特質不同，但都集中在一處。我們能看見它們都在那裡，就如看見各種不同的水果在一個碗裡，可以在一心中看見全部的「尋」、「伺」、「喜」、「樂」與「一境性」。

若有人問：「怎麼會有尋？怎麼會有伺？怎麼會有喜與樂？」那將會很難回答，但當它們在心裡匯聚時，就可以自己去看它怎麼會那樣。

無論發生什麼事
都隨它去

在這一點，修行變得有些特別。我們必須持有正念與正知，並且不迷失自己。如實覺知事物，這些是禪修的階段，是心的潛能。無須懷疑任何有關修行的事，在坐禪中，即使你沈入大地，或飛到空中，或甚至「死亡」，都別讓疑惑生起。無論心的特質如何，只要保持覺知即可。

定

　這是我們的基礎：無論行、住、坐、臥，都要具備正念與正知。無論發生什麼事，都隨它去，不要執著它。喜歡或討厭、快樂或痛苦、懷疑或確定──都以「伺」加以思惟，並衡量那些心理特質的結果。

　別想為每件事都貼上標籤，只要覺知它，了解心裡發生的一切事，都只是感覺而已。它們都是短暫的，它們生起、存在，然後消失，就是如此，並無固定不變的實體或自我。它們不值得我們執著，所有東西都一樣。

　當我們如此以智慧了解一切色法與名法時，就會了解心與身、苦與樂、愛與恨的短暫本質，它們都是無常的。了解這點，心就會厭離，對身與心與一切短暫的生滅現象感到厭倦。當心如此醒悟時，它會尋找出離那些事物的方式，它不會再想執著它們，它了解這世間的不圓滿與生的不圓滿。

沒有什麼可以執著

　當心如此了解時，無論走到何處，我們都能看見無常、苦與無我，沒有什麼可以執著。無論去坐在樹下或山頂上，我們都能聽到佛陀的教導。所有的樹都像是同一棵樹，所有的人都像

是同一個人——當中沒有任何殊異之處，它們都同樣生起，暫時存在，衰老，然後死亡。

若我們了解身與心的實相，就不會生起痛苦，因為不再執著它們。無論身在何處，我們都會有智慧，即使只是看見一棵樹，也會以智慧思考它，或瞧見青草與昆蟲，也都能提供思惟的資糧。

當歸結到這一點時，它們都有相同的命運，它們都是「法」，是最究竟的。若我們能了解這點，就已完成了旅程，稱為「世間解」——如實了解世間。心完全覺知它自己，並切斷苦的因。當不再有任何的因時，果也就不可能生起。

修行必須誠實
不要三心二意

我們需要長養的基礎是：第一、要正直與誠實；第二、慎防作惡；第三、心中保持謙卑的態度，少欲知足。若我們在言語與其他事情上能少欲知足，就會了解自己，而不會陷入混亂，心將具備戒、定、慧的基礎。

因此，解脫道的行者一定不可大意，即使你是對的，不可大意；若是錯的，那就更要小心。若事情進行得很順利，你也感

到很快樂，一樣不可大意。為何我要說「不可大意」呢？因為所有事都是不確定的。應如此覺知它們，若得到平靜，只要如實覺知即可。你可能會想耽溺其中，但你應覺知它的實相，就和你對待令人厭惡的性質一樣。

這個修行完全取決於你，沒有人能像你一樣覺知你的心。修行需要誠實，如法而行，千萬不可三心二意。這並非說應讓自己筋疲力盡，你只要具有正念與正知，就能明辨是非，若了解這點，就知道如何修行。你無須具有太多東西，只要在這上面精進即可。

【注釋】

①「引導的」(opanayiko)：「法」的特質之一。值得引入自心；值得了解；藉修行嘗試；引導向內。經上列舉佛法的特質：「法是世尊善說、自見，無時的、來見的、引導的、智者自知。

②阿羅邏迦蘭 (Alāra Kālāma) 與鬱陀羅摩子 (Uddaka Rāmaputta) 是當時著名的數論派先驅，教示以苦行或修定為主，以非想非非想處定為解脫境，最終以生天為目的。

③世間的禪定分為色界定──初禪、第二禪、第三禪、第四禪，以及無色界定──空無邊處、識無邊處、無所有處、非想非非想處。佛陀依阿羅邏迦蘭的指導，達到「無所有處定」。

④參見注②。

⑤佛陀依鬱陀羅摩子的指導，達到「非想非非想處定」。

⑥即耶輪陀羅 (Yasodharā) 王妃。

⑦色法 (rūpa-dhamma) 與名法 (nāma-dhamma)：色法指物理現象，名法指心理現象，兩者即指五蘊。五蘊中的色蘊屬於色法，受、想、行、識四蘊則屬於名法。名法又可稱為「心法」。

⑧英譯本將「尋」(vitakka) 譯為 lifting up（舉起），將「伺」(vicāra) 譯為 contemplation（思惟）。

定

【第十二章】死寂之夜

夜幕低垂時，我沒有其他的事了。若我試著跟自己講道理，我知道自己一定不會去，因此抓了一位白衣就這麼去了。

「該是瞧瞧你的恐懼的時候了，」我對自己說，「若我的死期已屆，那就讓我死吧！若我的心這麼冥頑不靈，就讓它死吧！」我如此暗想著。

事實上，我心裡並非真的想去，但我強迫自己去。若要等到所有事情都搞定才去，你將永遠也去不成。因此，我義無反顧地去了①。

> 誰敢在墳場過夜？
> 幾人膽敢如此修行？

過去我從未待過墳場，當到達那裡時，那種感覺真的是筆墨難以形容。

那位白衣希望能緊臨著我搭傘帳②，但我拒絕了，讓他與我保持一段距離。其實我心裡是希望他能靠近一點，陪伴並支持我，但是我沒有這麼做。

「若它如此恐懼，那讓它今晚就死了算了！」我挑戰自己。

定

雖然很害怕，但我也有勇氣，反正人生難免一死。

　　天色逐漸變暗，我的機會來了。哈，我真幸運！村民正好帶來一具屍體。我嚇得連腳踩在地上都感覺不到，恨不得立刻離開。他們希望我做一些葬禮的誦念，但我無法參與，於是就走開了。

　　過了幾分鐘，等他們離開後，我再走回去，發現他們將屍體葬在我的傘帳旁，並將抬屍體用的竹子做成床好讓我睡。③

　　現在我應該做什麼呢？村子距離這裡並不算近，至少有兩、三公里遠。

　　「好吧！若我會死，我就會死。」

　　若你不敢去做，則永遠不會知道它是怎麼一回事，那真的是一種寶貴的經驗。

　　隨著天色愈來愈暗，我不知在墳場可以往哪裡跑。

　　「哦，讓它死吧！人生到這個世上來，總難免一死。」

　　太陽西沈，夜色告訴我應進入傘帳裡，我完全不想行禪，只想待在傘帳裡。每次我嘗試走向墳場，似乎就有東西將我拉回，阻止我往前走，彷彿是我的恐懼正在與勇氣拔河一樣。但我還是得往前走，你必須這樣訓練自己。

　　隨著暗夜來臨，我鑽進蚊帳裡，它掛在傘架上。感覺上周圍

似乎有七重圍牆，看見身旁忠實的鉢，就如看見老朋友在作伴，它在身旁讓我感到比較安心。有時即使一個鉢也可能成為朋友！

我坐在傘帳裡，徹夜觀察身體。我沒有躺下或打瞌睡，只是靜靜地坐著。我是如此恐懼，即使想睡也無法入睡。是的，我害怕，不過還是盡力做。我徹夜打坐。

現在，我們有幾個人膽敢如此修行？誰敢在墳場過夜？若你未實地去做它，就得不到結果，那不是真正的修行。

整夜看著焚燒的屍體是什麼感覺？

破曉時，我對自己說：「啊！我得救了！」我好高興。我想揮去夜晚，只留下白晝。「啊！根本就沒什麼，」我心想，「那只不過是我自己的恐懼罷了！」

在托鉢與用餐後，我覺得很舒服，陽光露臉了，讓我感到溫暖與舒適。稍事休息後，並作了一下行禪。我心想：「今晚我應該會有個不錯與安靜的禪修，因為我已通過昨夜的考驗，它可能不過如此而已。」

然後，到了下午，你們知道嗎？又來了一個，這次是個大個

兒④。這次比昨晚更慘，他們就在我的傘帳前，在我所在的位置旁，搬來屍體並燒將起來。

我心想：「太好了！帶這具屍體來這裡焚化，將有助於我的修行。」但是我依然沒有為村民舉行任何儀式。我等到他們離開後，才走過去看。

我很難告訴你們，整晚坐著看那具焚燒的屍體是什麼感覺。我無法描述那種恐懼，在死寂的深夜——屍體綻放出紅綠相間的火花，微微地劈哩啪啦作響。我想在那具屍體前行禪，但卻舉步維艱。燃燒屍體的惡臭整夜瀰漫在空氣中，最後我鑽進傘帳裡。

火焰微微地閃爍，我轉身背對它。我忘了「睡覺」這件事，連想都沒想到它，我嚇得兩眼發直。沒有人可以投靠，在那個漆黑的深夜裡，也無處可逃。

「好吧！我將坐著死在這裡，絕不離開！」

嘿！想想一顆平常的心，它會想如此做嗎？它會讓你陷入這種進退兩難的處境嗎？若你給自己找理由，你永遠不會去。有誰會想做這種事？若你對佛陀的教導沒有堅定的信心，你永遠都不可能這麼做。

燒焦的手
在緊閉的眼前揮動

然後，大約晚上十點左右，我背對著火打坐。我不知那是什麼，但從背後的火堆傳來一陣拖著腳走路的聲音。是棺材剛好垮下來嗎？也許是野狗在咬屍體？但又不像，它聽起來更像是一頭水牛在緩慢地走動。

「啊！別管它……」

但它接著朝我走來，好像是一個人！它走近我的背後，步伐沈重，像頭水牛，但又不是。在它向前移動時，樹葉在它的腳下沙沙作響。好吧！我只能做最壞的打算，我還能去哪裡呢？但它並未真的走近我，只是轉了一圈就往白衣的方向走去，然後一切重歸寂靜。我不知那是什麼，但恐懼讓我做了許多可能的猜想。

我想大約過了一個半小時左右，那腳步聲又開始從白衣的方向走回來。就像是人一樣！這次它直衝向我，好像要將我輾過去一樣！我閉上雙眼，拒絕睜開。

「我要閉著眼睛死去。」

它愈來愈近，直到一動也不動地停在我的面前。我感覺它那燒焦的手似乎在我緊閉的雙眼前來回揮動。啊！真的是它！所

有的一切都被我拋到腦後，忘了持誦 Buddho、Dhammo、Saṇgho（佛、法、僧），腦袋裡一片空白，內心中滿是恐懼，除了恐懼，沒有其他。

打從我出生以來，不曾經歷過如此的恐懼。Buddho 與 Dhammo 消失得無影無蹤，我不知道它們在哪裡，只剩下恐懼充塞在胸膛，直到它彷彿像一張緊繃的鼓皮。

「算了，就隨它去吧！我不知道還能怎麼辦。」

面對死亡
你無處可逃

我彷彿凌空而坐，只注意正在發生的事。恐懼大到淹沒了我，猶如裝滿水的瓶子。若你將水裝滿瓶子，然後想再多倒一些，水就會溢出瓶子。同樣地，我的心已裝滿了恐懼，開始流溢出來。

「我究竟在害怕什麼？」一個內在的聲音問道。

「我怕死！」另一個聲音回答。

「那麼，『死』這個東西在哪裡呢？為何要如此驚慌？看看死亡的所在，死亡在哪裡？」

「哎呀！死亡就在我裡面！」

定

「若死亡在你裡面，那麼你還能逃去哪裡呢？若逃走，你會
死；若待在這裡，也會死。無論到哪裡，它都跟著你，因為死亡
就在你裡面，你根本無處可逃。無論你是否害怕，你都一樣會
死。面對死亡，你無處可逃。」

當我想到這點，我的觀念似乎整個翻轉過來。一切恐懼完全
消失，簡直是易如反掌，真是不可思議！那麼深的恐懼，竟然
能如此輕易地消失！無畏取代了恐懼。當時我的心愈升愈高，
彷彿置身雲端。

誰會想到有個比丘
徹夜坐在雨中的墳場？

就在我戰勝恐懼之際，天空開始下雨。我不知那是什麼雨，
還刮起強烈的風。但那時我已不怕死了，也不怕被掉下來的樹
枝砸到，我毫不在乎。暴雨傾盆而下，雨勢實在很大，等到雨
停時，所有東西都溼透了。

我一動也不動地坐著。

全身都溼透了，那麼接下來做什麼呢？我哭了！淚水從臉龐
滑落。我邊哭邊想：「我為什麼像個孤兒或棄兒似地坐在這
裡，全身溼淋淋地坐在雨中，如同一無所有的人或流亡者

呢？」

接著，我進一步想：「所有舒服地坐在他們家中的那些人，可能做夢也沒想到，有個比丘徹夜淋著雨坐在這裡。這到底有什麼意義呢？」想到這裡，我開始為此感到委屈，淚水不禁奪眶而出。

「反正這些眼淚也不是什麼好東西，乾脆就讓它們都流光算了。」

我就是如此修行。

嗯，我不知道該如何描述接下來發生的事。我坐著，聆聽。在戰勝感覺後，我只是坐著，看所有內在生起的各種東西，許多東西可以知道卻無法描述。我想到佛陀所說的話——「智者自知」⑤。

我承受這種恐懼的痛苦，如此坐在雨中——有誰和我一同經歷這一切？只有我才知道它的滋味。那麼強烈的恐懼，竟然在一瞬間完全消失，有誰能見證這點？

那些安住在城裡家中的人無法了解這種感受，唯有我能了解。那是種個人的體驗，即使我告訴其他人，他們也不會真的知道，這是每個人必須親自去體驗的事，如人飲水，冷暖自知。我愈思惟這點，它就變得愈清楚，我變得愈來愈堅強，信

念也愈來愈堅定，直到天明。

就這樣
為修行而死吧！

當我在黎明睜開雙眼時，所有東西看起來都是黃色的。昨晚我本想解尿，但最後那個感覺還是止住了。當我從座位上起身時，觸目所及皆是黃色的，就像某些日子裡清晨的陽光。當我去解尿時，尿中竟有血！

「這是什麼？是我的腸子破了，還是怎麼一回事？」我有些害怕。「也許裡面真的破了。」

「好吧！那又怎樣？破了就破了，又能怪誰呢？」有個聲音立刻對我說。「要破，就破吧！要死，就死吧！我只是坐在這裡，並沒有做什麼壞事。若它要爆裂，就讓它爆裂吧！」那個聲音說。

我的心彷彿在和它自己爭辯或吵架。一個聲音會從一邊冒出來，說：「嘿，這很危險！」另一個聲音便反駁它、挑戰它與否決它。

「嗯！我應該去哪裡找藥呢？」我自問。但接著又生起另一個想法：「我才不要為此而煩惱，比丘無論如何都不可以採集

植物來做藥的。若我死了就死了，那又怎樣？還能怎麼辦？若是在修行中死去，那麼我已準備好了。若我是在做壞事時死去，那就不好了。像這樣修行而死，我已準備好了。」

人們不相信修行
不敢真的去做

訓練自己，不要跟著情緒走，修行包括在緊要關頭時獻上生命。你們應至少失敗與痛哭個兩、三次才對，那才是修行。若你睏了，想躺下來，就不可讓自己睡著，在躺下來前，先驅走睡意。

有時當你托缽回來，在吃飯前思惟食物⑥時，你靜不下心來。心就如瘋狗，口水直流，實在太餓了！有時你可能會不想思惟，埋頭就吃，那是個災難，而非修行。若心無法安定與忍耐，那麼就推開你的缽，寧可不要吃。

訓練自己，焠鍊它，這才是修行。不要只是一味順從心，推開你的缽，起身離開，別讓自己吃飯。若心真的那麼貪吃與冥頑不靈，就不要讓它吃，這樣口水便會停止。若煩惱知道吃不到東西，它們就會害怕，隔天將不敢再來煩你，它們會害怕沒東西可吃。若你們不相信我，不妨自己驗證看看。

定

人們不相信修行，他們不敢真的去做，因為怕挨餓、怕死。若你去嘗試，就永遠不會知道它是怎麼一回事。大多數的人都不敢去做、去驗證，我們都太害怕了。

想一想，最重要的事到底是什麼呢？莫過於死吧！死，是世上最重要的事，請慎思、修行與探究。若沒有衣服，你不會死；若沒有吃檳榔或抽煙，也不會死；但若沒有飯與水，就一定會死。依我看，這世上就只有這兩樣東西是必要的，你需要飯與水來滋養身體。因此，對其他東西我並不感興趣，不論是什麼供養我都感到滿足，只要有飯與水，就足以修行，我就很滿足了。

對你而言，這樣夠嗎？其他一切都是多餘的，無論是否得到都無關緊要。唯一真正重要的東西就是飯與水。

「若我像這樣生活，我能生存嗎？」我問自己，「沒問題！這樣就能過得去了。無論在任何村莊托缽，至少能從一戶得到一口米飯，水則可經常取得，只要有這兩樣東西就夠了。」

修行的痛苦勝於一切
修行的快樂也勝於一切

這顆心不知已被迷惑多少世了。凡是不喜歡或討厭的事，我

定

們就想避開，我們沈浸在自己的恐懼中，卻說是在修行。這不能稱為修行，若是真正的修行，甚至必須賠上性命。

若你真的下定決心要修行，為何還要擔心這麼多的事，且樂此不疲呢？「我只得到一點點，你卻有很多。」「你和我吵，所以我才和你吵。」我沒有這些想法，因為它們不是我追求的目標。

別人怎麼做，那是他們的事，當去其他寺院時，我都不涉入這種事。其他人修行得多高或多低，我絲毫不感興趣，我只管好自己的事。因此我勇於修行，而修行也帶來智慧與洞見。

當你們的修行真正掌握要點時，就是真的在修行，無論晝夜，你都在修行。晚上夜闌人靜時，我會先禪坐，然後下來行禪，一夜至少交替兩、三次，行禪然後坐禪，再行禪一會兒。我不只不厭煩，且樂在其中。

有時，飄起小雨，我會想到過去在田裡工作的那段時光。我得在黎明前起床，穿上前一天還未晾乾的褲子。接著必須走到房屋下方的牛欄去牽水牛。我只看得到牛的脖子，那裡一片泥濘。我抓起被牛糞蓋住的繩子，然後牛的尾巴嗖嗖地來回拍打，把糞濺得我一身都是。我的腳因為感染而疼痛，我邊走邊想：「生命為何如此痛苦？」而現在我在這裡行禪……，一點

雨對我來說又算什麼？我在修行中如此思惟，自我激勵。

若修行已達入流，那是無與倫比的。修行者的痛苦勝於一切，然而修行者的快樂也勝於一切；修行者的熱忱無人可比，但他們的懈怠也是無人可及，修行佛法的人是最頂尖的。所以我會說，若你真心修行，前景是很可觀的。

不管他人修行的好壞
只堅持自己的修行

但我們大都只是口頭談論修行而已，就如屋頂坍塌一半的人，只是睡到房子的另一邊去。當太陽晒到那一邊時，他就滾到另一邊去，心想：「我何時才會像其他人一樣，有間像樣的房子？」若整個屋頂都垮了，他就拍拍屁股離開。這不是做事的方式，但多數人就是如此做。

若我們跟著心、煩惱走，就會有麻煩。你愈是跟著它們，修行就愈退墮。在真正的修行中，你有時會驚訝自己的熱忱，無論其他人修行得好或壞，你都沒興趣，只是堅持自己的修行。無論是誰來或去都無妨，你只管修行。

你必須在自己笨拙與不足之處下工夫，若還未找到答案，別放棄！結束一件事後，加緊進行另一件，堅持不懈直到完成為

止，只有到那時你才可以放心。把所有的注意力都放在這點上，無論行、住、坐、臥，你都要念茲在茲。

你應該像個還未種完田的農夫，他每年都種稻，但今年還未將稻子種完，因此一直掛心，無法安心休息。即使和朋友在一起，他也無法放鬆，一直很擔心未完成的農事。或像母親將幼兒放在樓上，而下樓去餵牲口，她的心裡不時地惦記著小孩，擔心他是否會摔下來，即使在做其他的事，心思一直都未離開孩子。

對於修行也應如此——永遠不會忘記，即使在做其他事，我們的心思仍未離開過修行，它日以繼夜與我們同在。若真的想進步，就必須如此。

拖著痛苦到處跑
我們還能逃到哪裡？

起初，你必須信賴老師的指導與建議，當老師指導你時，便依教奉行。若了解修行，就無須老師的指導，你可以自己來。每當放逸或不善的念頭生起，你自己要覺知，並自我教育。心是「覺知者」，是證人，它知道你依然被嚴重蒙蔽，或只是被輕微蒙蔽而已。

修行就是如此，它幾乎像發瘋一樣，或甚至可說你是瘋的。當你真正在修行時，必然是瘋的，你「發狂」了。你過去的觀念是扭曲的，現在只是將它再扭轉回來而已，若不改變它，麻煩與煩惱還是和以前一樣。

　　因此，在修行中有許多苦，但若無法覺知自身的苦，就無法了解苦諦。要想了解苦、斷除苦，首先你得遇見它。若你想射一隻鳥，卻不出去找牠，如何射得到牠呢？

　　苦，是佛陀的教導：出生的苦與衰老的苦等等。若你拒絕經歷苦，就見不到它；見不到苦，就無法了解它；若不了解苦，就無法解脫它。

　　現在，人們不希望見到苦，不想經歷苦。若他們在這裡受苦，就跑到那邊去，拖著痛苦到處跑，而不曾滅除它，也不思惟或觀察它。只要依然無知，無論身在何處，都會有苦。若坐飛機逃避它，它也會和你一起上飛機；假使潛入水底，它也會和你一起潛下去。苦就在我們裡面，但我們卻不了解，若苦就在我們裡面，我們還能逃到哪裡去呢？

　　你們必須深入探究這點，直到疑惑完全消失為止。你們應勇於修行，無論是在團體中或獨自一人，都不要逃避它。若別人懈怠，那沒有關係，只要有人勤於練習行禪，勤於修行……，

我保證一定會有結果。若你們真的堅持修行，無論別人來、去或如何，一次雨安居就夠了，照著我說的去做！

只取喜歡的而摒棄討厭的 那不是修行

修行也稱為「行道」，什麼是「行道」？持續而均衡地修行，別像沛 (Peh) 長老一樣地修行。有次雨安居他決定要禁語，他確實禁語了，不過卻開始寫紙條：「明天請為我炒些飯。」他想吃炒飯！他雖然禁語，卻寫了許多紙條，結果反倒比以前更散亂。這一分鐘他寫一件事，下一分鐘又寫另一件，真可笑！

我不知道他為何決定不說話，他根本不知道修行是什麼。

事實上，我們的修行就是少欲知足，保持自然。不要擔心自己是懈怠或精進，甚至連「我很精進」或「我很懈怠」的話，都不要說。多數人只有在他們感到精進時才修行，若感到懈怠就會放棄了。

但出家人不該這麼想，當你精進時，修行；當懈怠時，也是修行。別費心在其他的事情上，拋開它們，訓練自己。日以繼夜、年復一年，無論何時都持續地修行。別在意精進或懈怠的

想法，不要擔心是熱或冷，只管做它，這就稱為「正道」。

有些人真的努力地修行六、七天後，當未獲得預期的結果時，就放棄並反其道而行，耽溺於聊天、應酬與其他的事情上。然後，他們記起修行，又去修個六、七天，再次放棄。

有些農夫就是像這樣工作，一開始他們積極地投入工作，當停工時，連工具都不收拾，將東西扔著，就一走了之。然後，當土壤全都結成硬塊時，又記起自己的工作，便會再做一點，之後再掉頭走開。像這樣工作，永遠不可能得到像樣的花園或稻田。

我們的修行也是如此。若你們認為「行道」不重要，修行就不可能有任何成就。「正行」的重要性是不容置疑的，一定要持之以恆。不要隨性而為，心情好壞並不重要，佛陀根本不在乎那些事，他已經歷過一切好與壞、對與錯等事，這是他的修行。若只取喜歡的而摒棄討厭的，那不是修行，而是災難。無論你去到哪裡，永遠都無法滿足；無論身在何處，都會痛苦。

修行是為了放下
而非得到某些東西

我們有些人是因想得到某些東西而修行，若未得到想要的東

西，就不想修行。但佛陀教導我們，開發修行是為了捨與放下，是為了止息，為了息滅。

曾有位長老，他最初是加入「大宗派」⑦，但他發現它不夠嚴格，因此又求受「法宗派」的戒，然後開始修行。有時會斷食十五天，當再度進食時，只吃葉子和青草。他認為食肉是惡業，最好是吃葉子和青草。

過了一陣子，「嗯，當比丘真不方便，這身分很難維持素食的修行，也許我應該還俗，成為白衣就好。」因此他還俗成為白衣，這樣就可以親自採集樹葉與青草，並挖掘樹根與番薯，那是比丘禁止做的事。他持續做了一段時間，到了最後他不知應做什麼，因而完全放棄。

他放棄成為比丘，放棄成為白衣，放棄一切。我不知道他現在在做什麼，也許死了，我不知道。不過他是因找不到適合心意的東西，所以才放棄。他不了解自己只是追逐煩惱，煩惱一直牽引著他，而他卻不知道。

「佛陀有還俗成為白衣嗎？他是如何修行的？他做了什麼？」他並未想到這些。佛陀有像牛一樣去吃樹葉與青草嗎？當然，若你想這麼吃，若這是你所能做的，那就請便吧！但別到處批評別人。照顧好你自己的修行標準就好了。「別切挖得太多，

否則你將得不到一隻好把手。」⑧

你將一無所有，最後只得放棄。想想你修行的目的，修行是教人捨與出離，這顆心想著要愛這個人或恨那個人，修行就是為了放下這些。

即使達到平靜，也要拋開平靜；若智慧生起，則拋開智慧。你若知道，那就知道；但若將這知道當作自己的，你就會自以為知道什麼而覺得高人一等。過不了多久，便哪兒也住不下去，因為所到之處都會出現問題。若你錯誤地修行，那就與未修行沒有兩樣。

修習頭陀支是為了對治煩惱

修行要視個人情況而定。你貪睡嗎？那就試著對抗習氣。你貪吃嗎？那就試著少吃一點。以戒、定、慧為基礎，需要有多少，你就修多少。

同時，也要修持頭陀支⑨，修持頭陀支是為了對治煩惱。你可能會發現基礎修行還不足以根除煩惱，因此需要同時結合頭陀支的修持，親身去嘗試住在樹下或墓地。住在墓地是什麼滋味？它和團體共住一樣嗎？

「頭陀支」或譯為「苦行」，這是聖者的修行，凡是想要成為聖者的人，都得以頭陀支去除煩惱。要遵守它們很困難，很難找到真正有心修習它們的人，因那違背他們的習性。他們說應限制比丘只能持有基本的三衣⑩；只能吃托缽所得的食物；直接從缽裡吃；拒絕任何食後供養的食物。

在泰國中部要持守最後一條很容易，因為食物很充足，他們會放很多不同的食物在你的缽裡。但當你來到泰國東北，在此這條苦行會有微細的差別──在這裡你只能得到白飯！

這一帶傳統上只放白飯在缽裡，這條於是便成了真正的苦行。你只能吃白飯，其他之後的供養都不能接受。一天只能從缽裡吃一餐，且坐下來進食就不能起座，起座後就不能再食。今天已很難要找到真正有心如此修行的人，因為它的要求標準很高，但也正因為如此，它有如此大的利益。

真心的修行
是以全部的生命修行

現在人們所說的修行，並非真正的修行。

真正的修行並不容易，多數人不敢真正地修行，或真的違抗習氣，他們不想做任何與感覺相違的事。人們並不想對抗煩

惱，不想頂撞或擺脫它們。

我們說在修行中不要追逐情緒，我們已被愚弄了無數世，深信這顆心屬於自己所有，事實並非如此，它只是個騙子。它將我們引入貪、瞋、痴；引入竊盜、搶劫、貪欲與憎恨之中，這些都不是我們的。

現在，只要問問你自己：「我想變好嗎？」每個人都想變好。那麼，做這些事是好的嗎？人們做壞事，卻想變好。因此我說這些東西都是騙子，它們就是這麼一回事。

佛陀不希望我們追逐這顆心，他希望我們訓練它。若它想往東走，你就向西尋求庇護；當它想去那裡，你就回頭落腳在這裡。

簡單地說，不論心想要什麼，都別讓它得逞，就如和多年的老友因理念不同而分道揚鑣一樣。我們彼此分開，各走各的路，不再相互了解，事實上，我們甚至吵了一架，因而決裂。沒錯！別追隨自己的心。凡是追隨自己心的人，都追隨著喜好與欲望等事物，這種人毫無修行可言。

所以，我說：「人們所說的修行並非真正的修行，而是災難」。更具體地說，我們必須以全部的生命去修行。這樣的修行當然會有痛苦，尤其是在前一、兩年，會很痛苦，對年輕的比丘與沙彌，實在是段艱苦的時光。

別怕困難
一定要訓練自己

以前我曾遭遇過許多困難，尤其是在食物方面。你能期待什麼？在二十歲時，我成為比丘，那是最需要食物與睡眠的時候……。有時我會獨自坐在那裡夢想食物，想吃糖漿香蕉或木瓜沙拉，邊想邊流口水。

這是訓練的一部分，這些事說起來輕鬆，做起來可不那麼容易，口腹之慾可能會令人犯下許多惡業。針對正值發育期的人而言，在最需要食物與睡眠的時候，卻被限制在這些袈裟裡——他的感覺會變得很狂亂，就如要攔住奔騰的洪流，有時可能會決堤。

我第一年的禪修，除了食物之外，什麼也沒有。有時我會坐在那裡，那情況就好像自己真的已把香蕉塞進嘴裡一樣。我幾乎可以感覺自己剝開香蕉，再塞進嘴裡去。這些都是禪修的一部分。

因此別怕它，我們從無數世以來到現在，都一直被蒙蔽。所以要訓練自己，糾正自己，這並不容易。但愈是困難，就愈值得去做。簡單的事還需要我們去費心嗎？我們應該訓練自己去做困難的事。

佛陀的情況也是如此。若他只是關心家庭、眷屬、財富，以及過去的欲樂，則永遠都不可能成佛。這些都不是小事，它們是多數人所追求的，因此，若年輕時就放棄這些事，那無異於死亡。

然而，卻有人跑來對我說：「啊！隆波，這對你來說當然容易，你從來無須擔心太太與小孩的問題！」我說：「當你這麼說時，別離我太近，否則我會敲你的頭。」這麼說好像我沒有心肝似的！

建立內心的平靜，時間到了你自然會了解。修行、省察、思惟，修行的果就在其中，因與果如影隨形。不要放縱情緒，剛開始時，即使要找出適當的睡眠時數都很困難，你也許決定要睡一定的時數，但卻辦不到。

你一定要訓練自己，無論決定何時起床，時間一到，應立即起身。有時你可以做到，但有時醒來時，對自己說：「起床！」卻毫無動靜。你可能必須對自己說：「一⋯⋯二⋯⋯若數到三還不起來，我就會下地獄！」你必須如此教育自己。當數到三時，你一定會立刻起身，因為害怕自己會墮入地獄。有良好訓練的心不會為自己惹麻煩，一切聖者都對自己的心有信心，我們也應該如此。

有些人出家只是為了過安適的生活，但安適來自何處呢？它的先決條件是什麼？一切安適都必須以痛苦為前導。在得到錢之前必須先工作，在收割之前必須先耕田，不是嗎？所有事情剛開始一定都是困難的，若不學習，你能期待自己會讀書、寫字嗎？那是不可能的。

你愈害怕的地方
就應愈往那裡去

這正是為何許多讀過很多書的人，出了家卻無成就的原因。他們的知識是另外一種，屬於另一條道路。他們並不自我訓練，不觀察心，只是以疑惑來擾亂心，他們追求的事物是偏離定與戒的。佛陀的知識不是世俗的，而是出世間的，是截然不同的了知。

因此，所有進入僧團的人，都必須放棄他們先前的身分與地位。即使是位國王，當他出家時，也必須徹底放棄以前的身分。他不能將世間的權力帶進出家生活，並耀武揚威。修行需要出離、放下、斷除與止息，你們必須了解這點，如此才能有效地修行。

若你病了卻不吃藥，你認為病會自己痊癒嗎？你愈害怕的地

定

方，就應愈往那裡去。若你知道哪個墓地或墳場特別可怕，就去那裡。穿上袈裟，去那裡思惟：「諸行無常……⑪。」站著或行禪，向內觀察，看看你的恐懼在哪裡，一切都會再清楚不過。了解一切有為法的實相。待在那裡觀看，直到夜幕低垂，天色愈來愈暗，直到你甚至可以徹夜待在那裡為止。

佛陀說：「凡見法者即見如來，見如來者即見涅槃。」若我們不遵循他的典範，如何能見法呢？若不見法，又如何能認識佛呢？若我們未見到佛，如何知道佛的特質？只有在踩著佛陀的足跡前進時，我們才會知道佛陀的教導是完全可靠的，佛陀的教法是究竟的真理。

【注釋】

①一九四七年底，阿姜查二十九歲，他雲遊到那空拍儂省 (Nakhon Phanom) 那凱縣 (Na Kae) 的克隆 (Khrong) 森林寺，發現那裡的禪修老師依循頭陀行的傳統在墳場修行，若他想待在寺裡，就必須照著做，於是從未在墳場過夜的他，強迫自己如此做。

②傘帳：具備蚊帳的大傘，是泰國頭陀比丘待在森林中時，提供禪修與庇護之用。

③大多數村民會拒絕睡在抬屍用的竹子上，因為他們害怕鬼會在半夜找上門來。但他們在用這些竹子做成比丘的睡床前，並未請示比丘，因為他們認為比丘並不怕鬼。

④第一晚送來的屍體是個小孩，第二晚送來的則是個成人。

⑤「智者自知」(Paccattaṃ veditabbo viññūhi)：是佛法的特質之一，經上列舉佛法的特質：「法是世尊善說、自見、無時的、來見的、引導的、智者自知。」「智者自知」意指智者當各個自知：「我修道，我證果，我證滅。」出世間法當於智者自己的心中，由實證而得見。

⑥比丘在受用食物時，應思惟：「若用飲食，非為利故；非以貢高故；非為肥悅故；但為令身久住，除煩惱憂慼故；以行梵行故；欲令故病斷，新病不生故；久住安穩無病故也。」（《中阿含‧漏盡經》，《大正藏》卷一，頁431b）

⑦泰國兩大教派為「法宗派」(Dhammayuttika) 與「大宗派」(Mahānikai)。「法宗派」是由泰國國王孟庫 (Mongkut) 於一八三○年所創立（孟庫出家二十七年，於一八五一年還俗出任國王），意指奉行「法」的宗派，重視學識與戒律，教團以曼谷為中心。「大宗派」並非單一的教派，它是指非「法宗派」的比丘，他們較重視傳統習俗與禪修，分布於泰國各地，包括阿姜查在內的大多數比丘皆屬於此派。

⑧這是泰國的俗諺，意思是「適可而止」。

⑨頭陀支 (Dhutanga)：「頭陀」(Dhuta) 意指「去除」，「支」意指「原因」，比丘因受持頭陀支而能去除煩惱，這是佛陀所允許超過戒律標準的苦行。依《清淨道論》有十三支：糞掃衣、三衣、常乞食、次第乞食、一座食、一缽食、時後不食、阿蘭若住、樹下住、露地住、塚間住、隨處住與常坐不臥。這些苦行有助於開發知足、出離與精進心。

⑩三衣 (tīṇicīvarāṇi)：指僧團所准許個人擁有的三種衣服，即：（一）僧伽梨 (saṃghāti)，即大衣，托缽或上座說法時所穿之衣。（二）鬱多羅僧 (uttarāsaṅga)，即上衣，為禮拜、聽講、布薩時所穿。（三）安陀會 (antarvāsa)，為日常工作時或就寢時所穿著的貼身衣。

⑪諸行無常 (aniccā vata saṅkhāra)：一切因緣聚合而成的「法」，都是短暫無常的。全文請參考《阿姜查的禪修世界第三部：慧》第九章〈我們真正的家〉。

正念的奇蹟
每日禪修手冊
The Miracle of Mindfulness

作者｜一行禪師｜Thich Nhat Hanh
譯者｜何定照

生命只在念念分明的此時此刻

　　一行禪師以他最單純的心境，把觀呼吸和四念處的法義，透過簡潔義懂的文字，讓我們能在日長生活中運用自如。如果我們懂得在每一個當下提起正念、念念分明，我們就不會有煩惱，而且可以安住當下，內心中流洩出平靜的自在和喜樂。

　　很多人把修行和生活分開，修行的時候坐在靜室裡，不讓旁人打擾，生活的時候又攪在煩惱痛苦之中，如此硬生生地將修行和生活切成兩半，這是完全不懂得修行的法要。一行禪師明白地告訴我們，生命只在念念分明的此時此刻，心念離開當下就是拖死屍的人，離開覺性也等於是夢中人。

——陳琴富（《中時晚報》執行副總編輯）

日常生活是通往奇蹟的入手處

　　在他的字裡行間，學派傳統不被提及，有的只是經典名稱，也沒有太多的佛學專有術語。讓人讀來貼切感動的是他溫厚直接的觀察，沒有價值判斷、道德訓示，而是對現象的可改進處提供一套細膩貼切的方法。這種禪風呼應出嚴峻禪門中的溫厚慈悲，但卻沒有落入任何形式。相反地，修行是每個人的日常生活：洗碗、喝茶、走路，陪太太孩子及和別人談話。禪修可以無所不在，出禪堂、下坐後，正是用功的好時機。藉由正念禪，日常生活得點滴不再是瑣碎無意義的細節枝末，而是通往「奇蹟」的入手處。

——自鼐法師（香光尼眾佛學院講師）

書系｜善知識系列
書號｜JB0013
定價｜220元

觀照的奇蹟
一本教你如何正念覺照，創造自由心境的實修手冊
The Sun My Heart

作者｜一行禪師｜Thich Nhat Hanh
譯者｜周和君

　　請不斷地禪觀下去，直到你在最殘酷不仁的政治領袖身上、在受到最恐怖刑求的犯人身上、在最富有的人身上、在飢餓瘦弱得不成人形的孩童身上看到自己。直到你在公車上、在地鐵裡、在集中營裡，在田裡勞動的人群上發現自己的存在；直到你在一片樹葉、一隻毛蟲、一滴露珠和一道陽光中領悟自身的存在。請不斷地禪觀，直到你能在一粒微塵中和最遙遠遼闊的銀河中看見自己。

　　　　　　　　　　　　　　　　　　　　──一行禪師

　　這位禪師、作家、學者、和平分子、精神領袖從東方到西方，從烽火四起的戰地到表面承平、內部卻翻騰不已的社會，一路行來，始終以堅定不移的佛法信願，面帶微笑，以沈靜、悠遠的呼吸，輕盈、穩定的步伐，一步一腳印，將在充滿苦難與傷慟的五濁惡世的行腳，化為人間步步安樂行。

　　　　　　　　　　──單德興（中央研究院歐美研究所研究員）

　　一行禪師也警示我們，要找到一位開悟的老師並非易事，這種人極為罕見，大多數人只能碰到一知半解的人，如果你無法跟隨證悟的老師學習，最好的辦法就是仰賴你內心的那位老師。就讓覺知的陽光遍照，只有當我們的覺性圓滿，我們才有能力去照顧別人。

　　　　　　　　　　──陳琴富（《中時晚報》執行副總編輯）

　　本書的精彩處更在把四念處的修行方法和大乘龍樹菩薩的般若觀不著痕跡地融合在一起，前者是禪師一直弘揚的基礎修行，後者即是禪師大悲大智的菩薩踐行，為何禪師可以如此呢？因為他就是活在正念的觀照中，因為他看到生命無盡的緣起而不憂懼生死，他沒有選擇性地慈悲某一對象，也因此大圓滿性就產生了。

　　　　　　　　　　──自鼐法師（香光尼眾佛學院講師）

書系｜善知識系列
書號｜JB0014
定價｜220元

觀呼吸
平靜的第一堂課
Mindfulness in plain English

作者｜德寶法師｜Henepola Gunaratana
譯者｜賴隆彥
法務部長｜陳定南　　大溪內觀教育禪林負責人｜林崇安
尼泊爾商業鉅子｜盧普‧鳩諦｜Roop Joyti　　專文推薦

你在對什麼生氣？

當我們對某人生氣時，通常只是針對一些特定的事、幾句粗魯的話、一個特殊的眼神，或是一個無心的行為，時間一般都很短暫。在我們的心裡，那個人的其他部分都不見了，只剩下啟動我們心中按鈕的那個部分。當我們這麼做時，其實是將整個人很小的一部分抽離出來加以放大，然後予以無限上綱。我們並沒有看見事件背後其他的因素與力量，我們只將焦點放在那個人的局部，也就是會讓我們生氣的那個部分上。

你能改變另一個人嗎？

對別人傳送慈心真的可以改變那個人嗎？修慈可以改變這個世界嗎？當你傳送慈心給遠方的人，甚至陌生人時，你當然無法得知效果如何，但是你可以注意修慈對你自己內心平靜的影響。關鍵在於你自己祝福他人的誠意。事實上，效果是立即的，唯一發現它的方法就是你親自去嘗試。

仇恨能平息仇恨嗎？

如果別人傷害你呢？如果別人侮辱你呢？你會想報復，那是正常的人性反應。不過，那會把我們帶到哪裡去呢？仇恨永遠無法被更多的仇恨所平息……以暴制暴的反應是一種制式的反應，它是學習而來的，並非與生俱來的。如果我們從小就被訓練成要忍耐、仁慈與溫柔，那麼慈愛就會變成我們生命的一部分。

書系｜善知識系列
書號｜JB0012
定價｜260元

遠離四種執著
薩迦派心法基礎　證悟教法的最佳指引
Parting from the Four Attachments

作者｜究給・企千仁波切｜Chogye Trichen Rinpoche
譯者｜周銘賢

達賴喇嘛推薦

本書精要

　　藏傳佛教修心法門眾多，格魯派有宗喀巴大師的《菩提道次第廣論》，噶舉派有岡波巴的《解脫莊嚴寶論》，而薩迦派的弟子則特別尊崇「遠離四種執著」傳承。

　　舉世公認「遠離四種執著」教法是藏傳佛教最可貴的珍寶之一。究給・企千仁波切在這部證道論頌中闡明了真實的佛法修行，同時指出行者必定會誤入的陷阱，並告訴我們這些過患可以透過增長正確的發心，而予以改正。仁波切向我們揭示了大乘佛法修心法門每個次第的修行精華重點，引導聽聞者詳盡、明晰地探討心性的真正見地。最後引我們識出本初智慧——明空雙運，亦即「大手印」或「大圓滿」，或是薩迦傳承所稱的「輪涅不二」（Khordey Yermay）。

本書法源

　　若執著此生，則非修行者；若執著世間，則無出離心；
　　若執己目的，則失菩提心；若執取生起，即失正知見。

　　薩迦派初祖薩千・貢噶・寧波於禪定中由文殊菩薩親授此四句偈。

　　薩迦三祖札巴・堅贊則將自己對此四句偈的體證，寫成一部精要的證道論頌，從此「遠離四種執著」成為薩迦派所有心法的基礎。

　　本書為藏傳佛教薩迦傳承察派的領袖究給・企千仁波切，以證道論頌為文本所做的一系列開示。

書系｜善知識系列
書號｜JB0018
定價｜280元

善知識系列 JB0016

阿姜查的禪修世界【第二部】定

Food for the Heart: The Collected Teachings of Ajahn Chah

作者＝阿姜查（Ajahn Chah）
譯者＝賴隆彥
封面·內頁版型設計＝唐亞陽工作室

總編輯＝張嘉芳
編輯＝劉昱伶
業務＝顏宏紋
出版＝橡樹林文化
台北市中山區民生東路二段141號5樓
發行＝英屬蓋曼群島商家庭傳媒股份有限公司城邦分公司
客服服務專線：(02)25007718；(02)25001991
24小時傳真服務：(02)25001990；(02)25001991
服務時間：週一至週五上午09:30~12:00；下午13:30~17:00
劃撥帳號：19863813；戶名：書虫股份有限公司
讀者服務信箱 service@readingclub.com.tw

香港發行所＝城邦(香港)出版集團有限公司
香港灣仔駱克道193號東超商業中心1樓
電話：(852)25086231傳真：(852)25789337
Email：hkcite@biznetvigator.com
馬新發行所＝城邦(馬新)出版集團【Cité (M) Sdn. Bhd. (458372 U)】
41, Jalan Radin Anum, Bandar Baru Sri Petaling,
57000 Kuala Lumpur, Malaysia
電話：(603)90578822　傳真：(603)90576622
Email：cite@cite.com.my
印刷＝中原造像股份有限公司
初版一刷＝2004年8月
初版24刷＝2021年12月
ISBN 986-7884-29-9
定價＝250元

國家圖書館出版品預行編目資料

阿姜查的禪修世界. 第二部，定 / 阿姜查著；
　賴隆彥譯，--初版，--臺北市；橡樹林文
　化出版；城邦文化發行，2004〔民93〕
　　面；　公分，--（善知識系列；16）
　譯自：Food for the Heart: The
Collected Teachings of Ajahn Chah
　ISBN 986-7884-29-9（平裝）

　1. 佛教-修持　2. 佛教-語錄

225.7　　　　　　　　　　　93013398